시작하는 그리스도인에게

신앙의 첫 여정
시작하는 그리스도인에게

지은이 | 이상학
초판 발행 | 2016. 11. 14
11쇄 발행 | 2024. 2. 21
등록번호 | 제 1988-000080 호
등록된 곳 | 서울특별시 용산구 서빙고로 65길 38
발행처 | 사단법인 두란노서원
영업부 | 2078-3352   FAX | 080-749-3705
출판부 | 2078-3331

책값은 뒤표지에 있습니다.
ISBN 978-89-531-2674-9 03230

독자의 의견을 기다립니다.
tpress@duranno.com www.duranno.com

두란노서원은 바울 사도가 3차 전도여행 때 에베소에서 성령 받은 제자들을 따로 세워 하나님의 말씀으로 양
육하던 장소입니다. 사도행전 19장 8-20절의 정신에 따라 첫째 목회자를 돕는 사역과 평신도를 훈련시키는 사
역, 둘째 세계선교(TIM)와 문서선교(단행본·잡지) 사역, 셋째 예수문화 및 경배와 찬양 사역, 그리고 가정·상담 사역
등을 감당하고 있습니다. 1980년 12월 22일에 창립된 두란노서원은 주님 오실 때까지 이 사역들을 계속할 것
입니다.

신앙의 첫 여정

시작하는
그리스도인에게

이상학 지음

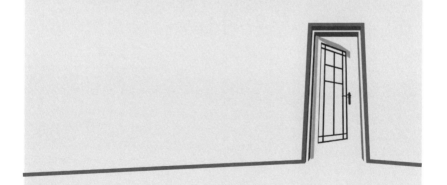

두란노

1부 그리스도인의 확신

"이것이 정말 내가 원했던 삶인가? 계속 이렇게 살아간다면 나는 이 삶의 끝을 진정 웃는 얼굴로 마무리할 수 있을 것인가?"

20대 중반의 어느 가을밤 저는 이런 질문을 끌어안은 채 잠을 이루지 못하고 있었습니다. 그때 낡았지만 가장 소중한 제 인생의 기록물인 일기장이 눈에 들어왔습니다. 무언가 중요한 사건이 있을 때, 기쁜 일이 있을 때, 나를 괴롭히는 질문들로 인해 몸부림칠 때 어김없이 드나들던 제 마음의 방의 흔적들을 담은 것이었습니다. 일기장을 붙들고 읽어 내려가기 시작했습니다. 아마 제 안의 영혼은 알고 있었던 것 같습니다. 어디서 길을 잃었는지를 되짚어 보고 싶은 본능이 작동했던 것이지요.

여자 친구를 만나게 도와주겠다는 친구의 꼬임에 빠져 고등학생 3년 동안 했던 불교 생활, 여느 586 세대들처럼 군부독재라는 시대의 아픔을 두고 현실과 이상 사이에서 갈등했던 대학생 시절, 공학을 졸업한 뒤 사회사상가가 되겠다는 결심으로 사회과학도의 길을 선택하게 된 각오 등등. 그날 밤 읽었던 일기에는 한마디로 어디에 있는지도 알지 못하는 진리를 찾아 헤매는 인간의 어쭙잖은 몸부림이 담겨 있었습니다. 그러나 적어도 제게는 진실이었습니다. 저는 매일같이 '내가 그려 놓은 이상적인 나'와 '거기에 미치지 못해 아파하는 현실의 나' 사이의 간극을 보고 있었습니다. 그 간극을 메우려고 저는 일기라는 자기 성찰의 채찍을 통해 끊임없이 나를 괴롭히고 있었습니다. 일기의 뒷부분에 접어들 때쯤 제 마음속에 한 가지 분명한 진실이 스쳐 지나갔습니다. '나는 변하지 않았다! 고등학교부터 대학교 시절까지 자기 탈바꿈을 반복해 왔지만 결국 나는 변하지 않았다!' 그러고 나서 질문이 떠올랐습니다. "이것이 정말 내가 살기 원했던 삶인가? 계속 이렇게 살아간다면 나는 진정 이 삶을 웃는 얼굴로 마무리할 수 있을 것인가?" 답은 "No!"였습니다. 나는 계속해서 내가 꿈꾸는 내가 되려고 지금의 나를 채찍질하며 달려갈 것이었습니다. 거기에는 진정한 기쁨도, 평안도, 화해도, 수용도 없을 것이었습니다.

그날 밤 저는 제 인생을 이끌어 왔던 주인을 내려놓았습니다. '자아(ego)'라는 주인입니다. 내 인생을 이 자아에 맡겨서는 절대로 행복할 수 없겠다는 결론에 이르렀기 때문입니다. 그 가을밤의 경험은 '새로운 현실'로 들어가는 입구였습니다. 마치 C. S. 루

이스의 《나니아 연대기》에 나오는 옷장 같은, 전혀 다른 새로운 세계로 들어가는 입구였습니다. 나중에 보니 그것은 예수를 주인 삼아 살아가는 새 인생의 시작이요, 내 영혼의 본향인 하나님 아버지의 품으로 돌아가는 순간이었습니다.

이 책은 아직 삶의 해답을 찾지 못해 예수 안에서 인생의 정답을 찾으려는 사람들의 신앙 여행을 돕기 위해 쓰였습니다. 옷장 이편의 인생에 더 이상 희망이 없다는 것을 알아, 겉으로는 전혀 드러나 있지 않은 옷장 뒤편의 신비하고 놀라운 하나님의 세계를 향해 용기 있게 자신을 던진 신앙 여행자들을 위한 여행 매뉴얼 같은 책입니다.

새신자들의 이해를 돕기 위해 이 책은 성경 공부의 형태로 만들어졌습니다. 1부에서는 신앙의 초입자가 불확실한 세상 한복판에서 어떤 확신을 가지고 살아야 이제 시작된 새 인생이 행복할 수 있는지를 말하고자 했습니다. 특히 '구속의 확신'(1장)과 '치유와 회복의 확신'(2장)에 오래 머물러 주기를 바랍니다. 이 두 장은 신앙의 전 과정의 윤곽을 보여 주는 동시에, 여러분이 선택한 신앙의 삶이 갖는 독특함과 소중함이 어떤 것인지를 드러내 주기 때문입니다. 2부에서는 어떤 마음가짐으로 교회생활을 하면 삶이 더욱 풍성해질 수 있는지를 다뤘습니다. 종교개혁자 칼빈은 교회를 '성도들의 어머니'라 했습니다. 물고기가 물을 떠나서는 살 수 없듯, 성도는 어머니인 교회를 떠나서는 절대로 살아남을 수가 없다는 뜻입니다. 교회는 그리스도인의 영혼의 젖줄이요 모태입니다. 교회를 신앙의 중심에 둘 때 그 신앙이 건강하게 성장하고 성숙해집니다. 교회는 신앙의 여정을 시작한 그리스도인이 끝까지 이 여정을 행복하게 갈 수 있도록 돕는 하나님의 축복입니다. 이 축복을 누리는 비결을 담았습니다. 3부는 하나님이 주신 은사(gift)를 어떻게 사용해야 그리스도인인 내가 행복하며, 내가 섬기는 교회가 든든히 설 수 있는지 다뤘습니다. 새신자에게 은사라는 말이 낯설지도 모릅니다만, 쉽게 말하면 '재능'이라 할 수 있습니다. 하나님이 모든 사람을 세상에 보내실 때에는 그에게 재능을 주셨습니다. 그 재능을 어떤 관점과 마음가짐으로 사용해야 재능이 꽃을 피우고 다른 사람을 유익하게 하여 결과적으로 나와 타인과 공동체가 아름답게 세워질 수 있는지를 다룬 것입니다.

독자분들께 조금이라도 인생 광야의 지침이 될까 하여 중간중간 제 개인의 내면 여행에 대해 다뤘습니다. 찬찬히 읽어가노라면 저 자신이 겪은 삶의 몸부림과 내면의 성찰을 통해 여러분 경험과의 접촉점을 발견할 수 있을 것입니다. 그리고 부족한 제게도 비춰주신 하나님의 은혜가 여러분의 생애 또한 얼마나 풍요롭고 넉넉하게 채워주실 수 있을지 새로운 전망으로 바라보게 될 것입니다.

독자분들이 쉽게 읽어 내려갈 수 있도록 구어체의 형식을 취하

려 노력했습니다. 가능하면 자신의 호흡을 따라 죽죽 읽어 내려
가기를 권합니다. 자신의 마음을 끄는 대목을 발견하면 그 자리
에 머물러 곱씹은 후 다시 읽어 내려가기를 부탁드립니다. 쉽게
쓰였을지 모르지만 내용은 결코 간단히 소화할 수 있는 내용이
아닙니다. 가능하면 하루에 한 장(章) 정도를 꾸준히 읽어 소화하
기를 권해 드립니다.

　이 책은 책상 앞에서 단번에 쓰이지 않았습니다. 많은 분들의
수고와 노력 그리고 목회 현장에서의 실천의 결과물이 반영된 것
입니다. 이렇게 책의 형태로 나오기까지 감사할 분이 여러분 계
십니다. 가장 먼저 동두천 두레수도원의 김진홍 목사님이십니
다. 이 책의 뼈대 자체가 그분의 성경 공부 교재인《성도의 확신》
에 빚진 바가 참으로 크기 때문입니다. 제가 그분의 뒤를 이어 새
가족 성경공부반 강의를 하면서부터 이 책의 맹아가 싹텄고, 이
를 이후 미국에서 목회 현장과 제 개인의 삶에 적용해 보고 얻은
반성적 성과물을 통해 저의 관점을 새롭게 하는 틀을 빚어 갔습
니다. 그리고 이때까지 쌓인 모든 것들이 현재 제가 섬기고 있는
교회에서 넉 달가량 수요일 저녁 성경 공부의 강의 형태로 정리
되어 이 책의 내용이 갖춰졌습니다. 저의 동역자 홍순영 목사님
이 이 내용을 녹취와 재편집, 교회 새가족 교재로 정리하는 눈물
어린 수고를 감당해 주셨습니다. 특히 각 부를 읽고 난 후 독자들
이 마음에 새김질할 수 있도록 적용 질문을 정리해 주시는 수고

도 아끼지 않으셨습니다. 저의 또 다른 동역자 김경원 목사님은 두란노 출판사와의 접촉부터 교정과 편집에 이르기까지, 특히 각 장의 첫머리에 가이드라인을 제시하는 수고를 더해 많은 헌신을 아끼지 않으셨습니다. 무엇보다 책이 출판될 수 있도록 재정적 지원을 결의한 포항제일교회 당회와 교우들의 기도가 없었다면 이 책은 세상에 나올 수 없었을 것입니다. 성경 공부의 내용에 대해 코멘트해 주고, 책을 출간하도록 도전하고 충고해 준 제 영혼의 친구 박신향 사모, 기도로 동역한 자녀들 또한 고마운 사람들입니다.

부족한 원고를 기꺼이 출간해 주신 두란노 출판사에 진심으로 감사를 드립니다. 원고를 꼼꼼히 교정, 편집하고 설교 형태로 된 원고를 보완하기 위해 철저하게 팩트를 체크해 주신 두란노 출판사의 형제자매들에게도 큰 은혜와 빚을 지고 있습니다.

2016년 용흥동 산자락에서
이상학 목사

한국 교회에서 오늘날 가장 시급한 일은 바른 교회, 좋은 교회를 만드는 일입니다. 번영의 신학이 한국 교회에 큰 영향을 미치면서 많은 교회가 세속화되었고 교회가 세속적 물질과 영광과 결탁하는 일이 생겨났습니다. 이것은 교회의 위기이고, 한국 기독교의 위기입니다.

교회가 바른 교회, 좋은 교회가 되기 위해서는 건전한 신학에 기초한 바른 신앙 교육이 절대적으로 중요합니다. 《시작하는 그리스도인에게》는 바로 이 목적을 위해서 쓰인 귀중한 책입니다. 이 책은 좋은 성도가 되기 위한 매우 중요한 안내서입니다. 이 책을 읽고 배우면 좋은 성도들이 많이 자라날 것입니다. 좋은 성도로 자란다는 것은 교회가 바른 교회, 좋은 교회가 되어 갈 바탕이 형성된다는 뜻입니다.

이상학 목사님은 이 시대에 한국 교회를 바른 교회, 좋은 교회로 바꿀 수 있는 중요한 지도자입니다. 책에 담긴 그의 말 한 마디, 한 마디에는 성령께서 이 시대에 말씀하시고자 하는 뜻이 담겨 있어 큰 깨우침을 줍니다. 쉽게 쓰여 있지만 깊이 있는 내용이 담겨 있습니다.

이 책은 한국의 모든 교회가 성도들의 기본 신앙 교육을 위해 사용할 수 있습니다. 온 교회가 함께 보며 깨우쳐 바른 성도, 좋은 성도를 만들고 한국 교회를 바른 교회, 좋은 교회로 만들 수 있는 힘을 가진 책입니다. 널리 사용되어 한국 교회에 좋은 변화가 일어나길 바랍니다.

김명용, 장로회신학대학교 전총장

'책은 인격이다'라는 말이 있습니다. 그 사람이 쓴 책 속에 그 사람의 인격과 경륜과 비전이 고스란히 담기기에 하는 말일 것입니다. 앞으로 한국 교회를 이끌어 나갈 큰 그릇인 이상학 목사님의 인격과 경륜과 비전이 담긴 첫 번째 책이 출간되었습니다. 《시작하는 그리스도인에게》는 이상학 목사님이 수년간 목회 현장에서 체득한 경험과 긴 시간 동안 다진 신학적 바탕이 결합하여 쓰인 수작(秀作)입니다.

지금 한국 교회는 성장이 멈춘 상태입니다. 몇몇 교회가 성장을 하고는 있지만 그 내용인즉 성도들이 이 교회에서 저 교회로 옮겨 가는 수평 이동 현상이지 새로운 신자들이 늘어나는 상황은 아닙니다.

이런 때에 각 교회에서 성령으로 쇄신하여 복음을 전하고, 복음을 받아들인 새신자들을 교육하고 훈련하여 바른 신앙인으로 길러 나가는 일이 중요합니다. 이 책은 교육과 훈련의 역할을 감당할 교재로 짜여 있습니다. 많은 교회에서 이 책을 활용하여 새신자 육성에 열매를 거두어 나갈 수 있기를 기대합니다.

이 책은 쉽게 쓰였고, 깊이 있게 쓰였습니다. 대체로 공부를 많이 한 분들은 글이 어렵고, 그렇지 못한 분들은 글의 깊이가 조금 부족한 터인데 이상학 목사님의 이 책은 쉬우면서도 깊이를 더하고 있기에 더욱 소중합니다.

이 책이 보다 많은 분들이 읽고 적용하여 한국 교회 전체의 자산이 되도록 쓰임 받기를 바랍니다.

김진홍, 동두천 두레수도원 원장

목회자의 가장 큰 책임은 영적 지도입니다.

성도의 가장 큰 책임은 진지한 구도입니다.

이 두 가지 갈망이 만나는 곳에 교회가 세워집니다.

교회는 건물로 세워지는 것이 아님을 우리는 잘 압니다.

교회는 성도들의 믿음의 응답으로 세워지는 것입니다.

지금까지 이런 영적 요구에 의해 쓰인 책이 적지 않았습니다.

예컨대 존 스토트의 《기독교의 기본 진리》는 대표적인 추천도서였습니다.

그러나 우리의 문화적 정서 위에 쓰인 것은 아니었습니다.

그런데 반갑게도 이상학 목사님이 우리의 정서적 터 위에서 이 주제를 다루었습니다.

그리스도인의 확신에서부터 은사 사용의 기본 원칙까지 세밀하게 우리를 안내하고 있습니다.

저는 이 책이 저자의 바람처럼 신앙의 여정을 시작하는 그리스도인들에게 건강한 신앙을 세우는 토대를 제공해 줄 것을 확신합니다.
그런 의미에서 이 책은 한국 교회에 소중한 기여가 될 것입니다.
이 땅, 아프고 상처 난 교회 마당마다 생수가 솟아나기를 소원합니다.

이동원, 지구촌교회 원로목사

1부
그리스도인의
확신

01 구속의 확신

생각하며 읽기

1. 기독교 신앙이 말하는 구원을 이해해 봅시다.
2. 구속의 의미를 알아봅시다.
3. 구속이 반드시 필요한 인간의 실존을 들여다봅시다.

세상의 모든 종교는 하나의 공통적인 목적을 갖고 있습니다. 바로 구원입니다. 종교가 종교 된 것은 이미 그 종교를 믿고 있거나 믿기 원하는 사람이 자신의 생에서 겪는 온갖 곤경을 극복해 구원을 얻기 위함입니다. 이런 점은 기독교 신앙도 예외가 아닙니다. 기독교 신앙의 목적 또한 인간으로 하여금 삶의 고난과 고통을 극복하고 구원을 얻게 하려는 데 있습니다.[1]

그런데 기독교 신앙과 타 종교가 결정적으로 다른 점이 있습니다. 타 종교는 구원을 이루는 데 인간의 의지적 수행과 자기부정의 과정이 결정적으로 중요한 반면, 기독교 신앙은 이 과정을 부인하지 않되, 구원의 시작과 중간과 끝이 인간이 아닌 하나님의 은총과 인도하심으로 이루어진다고 봅니다.

타 종교의 구원이 인간 자신으로부터 시작된다면 기독교 신앙의 구원은 하나님으로부터 시작되어, 하나님과 함께 진행되며, 하나님의 은총으로 완성됩니다. 그렇기에 구원의 목적이 궁극적으로 다릅니다. 타 종교는 '인간이 어떻게 하면 모든 생사고락을 초월해 마음의 절대 평안과 행복을 얻을 수 있는가?'에 구원의 목적이 있다면, 기독교 신앙은 '한 사람을 통해 어떻게 하면 하나님의 뜻이 이루어지는가?'를 목적으로 합니다. 개인의 평안과 행복은 그 목적을 이루는 과정에서 선물로 얻는 것이라고 봅니다.

결국 **타 종교의 구원은 사람의 지혜의 결과요, 기독교 신앙의 구원은 하나님 자신의 지혜, 즉 하나님의 계시의 선물입니다.** 이런 면에서 구원의 패러다임 자체가 서로 다르다고 할 수 있습니다. 그래서 기독교 신앙은 세상의 일반 종교와 구별해 스스로를 '종교'가 아니라 '생명'이라 부릅니다.

---

1) "하나님은 모든 사람이 구원을 받으며 진리를 아는 데에 이르기를 원하시느니라"(딤전 2:4).

어떻게 하면 구속의 확신을 얻을 수 있는가?

그리스도인에게 구원은 사람이 살고 죽는 문제입니다. 우리는 구원을 얻기 위해 신앙의 문을 두드리고, 구원을 경험하고 있기에 신앙에 머무르며, 구원이 자신의 인생에 크고 놀라운 선물로 검증되었기에 다른 사람에게 전하고 싶어 합니다. 이런 각도에서 보면 오늘날 기독교 신앙이 위기를 겪는 데에는 많은 원인이 있겠으나, 가장 본질적인 이유는 우리가 지닌 신앙이 이 시대를 살아가는 사람들에게 하나님의 구원의 능력으로 나타나지 못하기 때문일 것입니다. 즉 사람들로 하여금 생명을 얻고 누리도록 도와주지 못하고 있다는 것입니다.

그렇다면 우리는 어떻게 해야 기독교 신앙이 주는 구원의 능력을 얻고, 누리며, 다른 사람에게 전하고 싶은 열망을 가질 수 있을까요?

이를 위해서는 무엇보다 '구속'(redemption)과 '구원'(salvation)을 잘 구별해서 이해해야 합니다. 구속은 죄 사함을 받아 하나님의 자녀가 되는 것을 말합니다. 구원은 더 나아가 구속받은 하나님의 자녀가 "그리스도의 장성한 분량이 충만한 데까지"(엡 4:13) 이르는 것을 말합니다. 요약하면 **구원은 구속을 포함하는 '성화'(sanctification)와 '영화'(glorification)의 전(全) 과정을 일컫습니다.**

한국 교회나 선교 단체는 구원의 확신을 대단히 강조합니다. 하지만 엄격히 말하면 이는 구원의 확신이 아니라 구속, 즉 죄 사함의 확신이요, 하나님의 자녀 됨의 확신이며, 천국의 확신입니다. 구속이 한 번에 즉시 일어나는 사건이라고 한다면, 구원은 구속으로 시작해 성화를 통해 진행되어 영화로 완성되는 일련의 과정을 말합니다(2장 참조).

구속의 의미

구약에서는 하나님의 품 안으로 들어와 그분의 백성이 된 사람들을 '히브리인'이라고 불렀습니다. 히브리인은 두 가지 뜻을 가지고 있습니다.

첫째, 히브리인은 '힘없고, 기댈 곳 없고, 자기 목소리를 낼 수 없는 사람'이라는 뜻입니다. 이들을 가리켜 '하비루'(Habiru)라고 했습니다. 가나안 사람들이 볼 때 낯선 땅에 들어와서 몸 붙이고 사는 아브라함과 그의 가족은 히브리인이었습니다. 아브라함은 친족도 없고, 배경도 없고, 기댈 곳도 없는 외톨박이였습니다. 사람들은 그를 일컬어 "방랑하는 아람 사람"(신 26:5)이라고 했고, 이것은 이스라엘 민족의 정체성의 일부분이 되었습니다. 하나님은 이 나약하고 정처 없이 떠도는 외톨박이인 아브라함과 그의 후손을 택하여 하나님의 구원 역사를 시작하셨습니다.

둘째, 히브리인은 '강을 건넌 사람'이라는 뜻입니다. 창세기 14장

13절에서 사람들은 아브람을 가리켜 "히브리 사람"이라고 했습니다.

> "도망한 자가 와서 히브리 사람 아브람에게 알리니 그때에 아브람이 아모리 족속 마므레의 상수리 수풀 근처에 거주하였더라."

아브라함은 본래 살던 메소포타미아 땅 갈대아 우르를 떠나 가나안 땅에서 이민자로 살아가고 있었습니다. 그가 고향을 떠나 하란 땅을 거쳐 가나안에 가려면 큰 강을 하나 건너야 했습니다. 바로 유프라테스 강입니다.

아마도 가나안 사람들은 아브라함에게 "당신, 고향이 어디입니까?"라고 물었을 것입니다. 이에 아브라함은 "저는 원래 갈대아 우르 땅에서 살았습니다"라고 답했을 테고, 가나안 사람들은 "그럼 당신은 유프라테스 강을 건너왔군요. 당신은 강 건너 여기까지 온 사람이군요. 히브리인이군요"라고 했을 것입니다.

그런데 아브라함에게 붙여 주었던 '강을 건넌 사람'이라는 의미가 여호수아서에 이르면서 이스라엘 전체의 신앙고백으로 승화된 것을 볼 수 있습니다.

> "그러므로 이제는 여호와를 경외하며 온전함과 진실함으로 그를 섬기라 너희의 조상들이 강 저쪽과 애굽에서 섬기던 신들을 치워

버리고 여호와만 섬기라 만일 여호와를 섬기는 것이 너희에게 좋지 않게 보이거든 너희 조상들이 강 저쪽에서 섬기던 신들이든지 또는 너희가 거주하는 땅에 있는 아모리 족속의 신들이든지 너희가 섬길 자를 오늘 택하라 오직 나와 내 집은 여호와를 섬기겠노라"(수 24:14-15).

이와 같이, 구약에서 구속받았다는 것은 강 저편에서 강 이편으로 건너왔다는 말입니다. 강 저편은 하나님 없는 땅, 우상의 땅, 내가 인생의 주인이 되어 육체의 욕망과 쾌락을 좇아 살아가는 땅입니다. 이제는 그곳을 떠나 강 이편, 즉 하나님이 인생의 주인이 되시는 땅, 하나님이 주시는 의미와 보람과 비전을 좇아 살아가는 땅으로 건너왔습니다. 흐르는 강물에 자신의 욕망도, 쾌락도, 상처도, 눈물도 다 떠나보내고 강 이편으로 건너와 하나님을 주인으로 모시고 사는 새사람이 된 것입니다.

이것이 바로 구약에서 말하는 구속의 의미입니다. 때때로 우리가 실수하고 실패하고 넘어져서 강 저편에 있는 사람처럼 행동하듯 보일지라도 세포 깊숙한 곳에서 우리의 존재는 히브리인이요, '강을 건넌 사람'입니다.

신약에 오면 구속의 의미가 달라집니다. 강 저편에 있는 사람은 그리스도 밖에 있는 사람, 강 이편에 있는 사람은 그리스도 안에 있는 사람이라고 말합니다.

"그때에 너희는 그리스도 밖에 있었고 이스라엘 나라 밖의 사람이라 약속의 언약들에 대하여는 외인이요 세상에서 소망이 없고 하나님도 없는 자이더니 이제는 전에 멀리 있던 너희가 그리스도 예수 안에서 그리스도의 피로 가까워졌느니라"(엡 2:12-13).

"그때에," 즉 강 저편에 있을 때 우리는 그리스도 밖에 있는 사람들이었습니다. 그러나 세례를 받고 난 뒤에는 그리스도 안에 있는 사람들로 바뀌었습니다. 신약에서는 구속받았는지의 여부가 '그리스도 밖에 있느냐, 안에 있느냐'를 기준으로 나누어집니다.

"그때에 너희는 그리스도 밖에 있었고 이스라엘 나라 밖의 사람이라 약속의 언약들에 대하여는 외인이요 세상에서 소망이 없고 하나님도 없는 자이더니"(12절). 무슨 뜻입니까? 하나님과 상관없는 사람들이었다는 뜻입니다. 그들이 어떻게 바뀌었는지 보십시오. "이제는," 즉 강 이편으로 와서는 "전에 멀리 있던 너희가 그리스도 예수 안에서 그리스도의 피로 가까워졌느니라"(13절)라고 말합니다. 예수님 안에서 하나님의 자녀가 되었다는 뜻입니다.

나는 어떻게 구속받을 수 있는가?

여기서 중요한 질문들이 이어집니다. 첫째는 '우리가 강 저편에서 그리스도 밖에 있는지, 아니면 강 이편에서 그리스도 안에 있는지 어떻게 알 수 있는가?' 하는 것이고, 둘째는 '우리가 어떻게 하면 강 저편에서 강 이편으로 건너올 수 있는가?' 하는 것입니다.

'교인'(Churchian)과 '그리스도인'(Christian)은 다릅니다. 교회 다니는 사람을 교인이라 하고, 그리스도를 자신의 존재와 인격과 삶의 주인으로 모신 사람을 그리스도인이라 합니다. 교회 다닌다고 다 그리스도인이 아닙니다. 10년 혹은 20년 예수님을 믿었지만 솔직히 그리스도를 주인으로 모시고 살아가는지 아닌지 애매모호한 사람이 있습니다. 그때 자신과 예수님의 관계를 어떻게 확신하며 말할 수 있겠습니까? 바로 이 부분에서 기독교의 구원에 대해 분명히 짚고 넘어갈 필요가 있습니다.

1. 자신의 상태를 자각하라

사도 바울이 구원에 대해 가장 핵심적인 복음을 모아서 설명해 놓은 곳이 로마서 5장 6-11절입니다. 믿음이 흔들릴 때, 내가 어디서부터 시작했는지, 내가 어디로 가야할지 신앙의 목표가 흐릿해질 때 이 말씀을 찾아 묵상하고, 붙들고 기도하면 흐트러진 것들이 하나하나 제자리를 찾아가는 경험을 하게 됩니다.

"우리가 아직 연약할 때에 기약대로 그리스도께서 경건하지 않은 자를 위하여 죽으셨도다 의인을 위하여 죽는 자가 쉽지 않고 선인을 위하여 용감히 죽는 자가 혹 있거니와 우리가 아직 죄인 되었을 때에 그리스도께서 우리를 위하여 죽으심으로 하나님께서 우리에 대한 자기의 사랑을 확증하셨느니라 그러면 이제 우리가 그의 피로 말미암아 의롭다 하심을 받았으니 더욱 그로 말미암아 진노하심에서 구원을 받을 것이니 곧 우리가 원수 되었을 때에 그의 아들의 죽으심으로 말미암아 하나님과 화목하게 되었은즉 화목하게 된 자로서는 더욱 그의 살아나심으로 말미암아 구원을 받을 것이니라 그뿐 아니라 이제 우리로 화목하게 하신 우리 주 예수 그리스도로 말미암아 하나님 안에서 또한 즐거워하느니라."

여기서 바울은 예수님을 믿기 전 우리의 모습에 대해 세 가지를 이야기합니다. 우리는 아직 연약했으며(6절), 아직 죄인 되었으며(8절), 하나님과 원수 되었다(10절)고 합니다. '연약함'과 '죄인됨'이 인간 자신에 대한 이해라면, '원수 됨'은 하나님과의 관계를 설명합니다.

인간은 연약합니다.

바울은 "우리가 아직 연약할 때에"(6절)라고 말합니다. 우리는 바울의 인간 이해의 첫 대목에 주목할 필요가 있습니다. 바울은 먼저 인간을 '악하다'고 정죄하지 않습니다. 인간이 악하기 때문이 아니라 연약하기 때문에 실수도 하고, 허물도 많고, 본의 아니게 잘못을 저지르게 된다는 의미입니다.

인간은 흙으로 만들어진 존재이기에 조금만 반죽이 질면 뭉그러지고, 조금만 반죽이 되면 금이 가 버리는 연약함을 안고 있습니다. 그런데 성경은 그리스도께서 이렇게 연약한 우리를 위해 죽으심으로 하나님이 우리에 대한 자기의 사랑을 확실히 증거하셨다고 말합니다.

인간은 절대로 강한 존재가 아니요, 부서지기 쉬운 연약한 존재라는 자각에서 구원이 시작됩니다. 많은 경우 이 자각은 인생 한복판에서 고난에 정직하게 부딪치는 과정에서 일어납니다. 사람은 할 수만 있으면 고난을 피하고 싶어 합니다. 하지만 고난만이 줄 수 있는 축복이 있습니다. 방황과 좌절과 고난의 세월 속에서 내면세계를 거짓 없이 성찰해 볼 때 스스로는 절대 자신의 인생을 구원할 수 없다는 사실을 우리는 자연히 깨닫게 됩니다.

방황과 좌절과 자기 상실이 주는 축복 가운데 중요한 것은 바로 겸손입니다. 자신감이 넘치던 사람이 고난의 터널을 통과해 겸손해지면 여태까지 들리지 않았던 것을 비로소 듣게 되고, 보이지 않았던 것을 보게 됩니다. 그동안 느낄 수 없었던 것을 느끼게 됩니다. '아, 나는 연약해서 절대로 내 인생을 스스로 구원할 수 없구나!'라고 말입니다.

이 깨달음에 이를 때 인간은 비로소 자기 밖으로 시선을 돌리게 됩니다. 예수님이 이미 2,000여 년 전에 깨어지고, 부서지고, 망가진 나를 위해 하늘에서 내려오시고, 십자가에 매달려 죽으셨다는 사실을 인정하게 됩니다. 예수님이 나와 하나님 사이에 사다리가 되어 주시려고 하늘로부터 아래로 내려오신 것을 성령의 인도하심으로 보게 됩니다. 그리고 이 사실을 믿으면 하나님이 연약한 나를 받아들이셨고, 이제 그분과 나의 깨어진 관계가 회복되었음을 사실로 인정하게 됩니다. 이것이 첫 번째 단계입니다.

인간은 죄인입니다.

8절에서 바울은 "우리가 아직 죄인 되었을 때에"라고 말합니다. 바울은 인간이 약할 뿐만 아니라 죄인이기 때문에 죄악을 저지른다고 선포합니다.

여기서 순서가 대단히 중요합니다. **인간은 자신의 한계와 약함을 알게 되면, 그때 비로소 자신이 죄인임을 깨닫게 됩니다.** 자신의 약함을 알아 겸손해진 사람은 인간이 약해서 어쩔 수 없이 어그러진 삶을 살 뿐만 아니라, 잘못된 의지를 갖고 의도적으로 악을 행하게 된다는 사실을 알게 됩니다.

기독교 신앙에서 죄는 사람의 성향이자 그 성향에서 나온 행위를 일컫습니다. 바울은 한편으로는, 표면적으로 드러나지는 않지만 죄의 '성향'을 갖고 살아가는 모든 인간을 통틀어 죄인이라고 말합니다. 그리고 다른 한편으로는, 죄의 성향에서 더 나아가 악한 의도를 갖고 실제로 죄를 짓는 '행위'를 하는 사람들을 일컬어 죄인이라고 말합니다.

인간 안에는 들짐승이 들어 있습니다.

인간 안에는 이렇게 '병자로서의 인간'(연약함)과 '죄인으로서의 인간'(죄인 됨)이 서로 얽혀 있습니다. 자신을 바르게 이해하려면 이 둘을 통합적으로 들여다보는 안목이 대단히 중요합니다. 연약함과 죄인 됨이 얽혀 인간 안에 스스로도 감당할 수 없는 들짐승을 만들어 냅니다. 모든 인간 안에는 들짐승들이 한 마리씩 들어 있습니다. 이 들짐승은 욕망을 주식 삼고 쾌락을 간식 삼고, 온갖 육적 욕구를 향해 달려갑니다. 이 들짐승은 의지로 통제되지 않고, 길들여지지도 않습니다. 밑도 끝도 없이 휘몰아쳐 자기가 원하는 데로 나를 몰고 갔다가, 자기 욕구가 만족되었다 싶으면 나를 팽개쳐 버리고 어디론가 사라져 버립니다.

연약해서 절뚝거리고, 죄로 인해 손상을 입은 의지의 힘으로는 이 들짐승을 절대로 감당할 수가 없습니다. 이것이 모든 인간의 내면입니다. 우리 속에 공존하며 작동하는 '약함'과 '악함'은 하나님(진리)으로부터 우리 자신을 점점 멀어지게 만듭니다. 예수님이 내 안에 들어오셔서 이끌어 주시기 전에는 이 들짐승을 통제할 수가 없습니다. 무엇이 옳은지 알지만 그것을 행할 힘이 인간 안에는 없습니다. 이것을 일컬어 '죄 된 현실'이라 합니다.

2. 내 영혼에 은혜를 초청하라

하나님은 하나님의 형상대로 인간을 만드실 때 영혼을 주셨습니다. 하나님과 인간의 만남과 교제를 통해 이 영혼은 생명의 씨앗처럼 발아하여 점점 자라 갑니다. 반면 인간이 짓는 크고 작은 죄는 하나님과 인간의 관계를 훼손할 뿐 아니라 인간의 영혼을 파괴합니다.[2] 영혼이 죄악에 공략되어 금이 가고 갈가리 찢기고 파괴되어 제구실을 못하게 되는 것입니다.

이와 동시에 영혼 주위에 죄의 층이 두껍게 형성됩니다. 원죄, 자범죄, 인생에서 갖게 된 온갖 상처, 잘못된 습관과 기억의 층들입니다. 이렇게 되면 사람이 하나님과의 만남 속에서 성령의 음성을 들으려고 해도 영혼이 심각한 손상을 입었고 죄의 층이 견고한 블록처럼 가로막고 있기에 불가능하게 되고 맙니다.

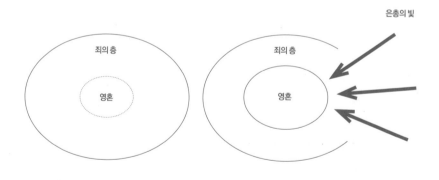

---

2) 그래서 다윗은 죄악을 저지르고 난 후 "하나님이여 내 속에 정한 마음을 창조하시고 내 안에 정직한 영을 새롭게 하소서"(시 51:10)라고 기도했습니다.

예수님을 믿는다는 것은 하나님 앞에 겸손히 엎드린다는 것입니다. 두꺼운 죄의 층, 허물과 상처로 가득 찬 층에 둘러싸인 나의 현실에서는 절대로 내 스스로 하나님을 만날 수 없으며, 내안의 들짐승이 창궐하는 가운데서는 내 인생이 절대로 자유와 해방을 얻을 수 없다는 사실을 인정하고, 예수님 앞에 겸비하여 엎드리는 것입니다. 그때가 바로 영혼을 포위한 죄의 층에 은혜를 초청해 들이는 순간입니다. 죄의 층에 은혜가 햇살같이 밀려들어 오면, 이 견고한 죄의 층에 균열이 일어나고 서서히 파괴되어 마침내 이 죄의 층에 질식되어 있던 영혼이 새로 살아나기 시작합니다.

그리고 마침내 예수님이 우리 안에 들어오십니다. 예수님이 들어오시면 어떤 일이 일어날까요? 이 들짐승 같은 힘이 다스려지기 시작합니다. 죄와 상처에 의해 파괴되었던 영혼이 서서히 회복되어 온전한 것을 사모하게 되며, 옳은 일을 행하고자 하는 열망이 일어납니다. 죄의 힘이 약화되었기 때문입니다. 내면에 새로운 질서가 찾아오는 것입니다.

여기서 주의할 점은 전혀 없었던 새 질서가 만들어지는 것이 아니라는 사실입니다. 인간 안에 이 질서는 본래 존재했습니다. 다만 아담의 범죄로 말미암아 깨어지고 헝클어졌던 질서가 다시 제자리를 찾아가는 것입니다. 그래서 신앙함은 곧 '회복의 과정'이라고 말할 수 있습니다.

이 사실은 그리스도인이 자신을 이해하는 데 대단히 중요합니다. 자기를 부인한다는 말은 자신을 혐오한다는 말이 아닙니다. 예수님을 믿게 되면 우리 안에는 두 개의 자아가 공존하게 됩니다. 하나는 '옛 자아'(old self, 혹은 에고)이고, 다른 하나는 '새 자아'(new self)입니다. 예수님을 믿기 전에는 자아가 '에고' 하나밖에 작동하지 않았습니다. 에고에서 '육체의 소욕'이 흘러나오기에, 이 단계에서 인간은 끊임없이 하나님으로부터 멀어지려는 생각뿐이었습니다. 그런데 예수님을 믿은 후에는 성령께서 들어오심으로 새로운 자아가 역동하기 시작합니다. 여기서 '성령의 소욕'이 일어나 인간은 하나님과 그분의 일에 관심을 갖기 시작합니다. 처음에는 옛 자아와 새 자아가 서로 갈등하고 다툽니다. 그러다가 믿음이 성숙해 가면서 새 자아가 점점 옛 자아를 정복해 갑니다.

예수님이 "자기를 부인하라"라고 말씀하신 것은 성령 안에 있는 새 자아가 아니라 옛 자아를 부인하라는 뜻입니다. 그러므로 그리스도인은 **죄의 온상인 옛 자아와는 피 흘리기까지 투쟁하되, 하나님의 형상으로 빚어진 새 자아는 하나님 앞에서 적극적으로 부여안고 긍정하고 사랑해야 합니다.**

결론적으로, **예수님을 믿는다는 것은 자기 자신에 대해서 항복을 선언하는 것입니다.** "내 힘으로는 아무것도 할 수 없다!"라고 인정하는 것입니다. 또한 할 수 없는 나를 위해 예수님이 하나님과의 사이에 다리를 놓으심으로 중보자가 되어 주신다는 진리를 믿는 것입니다.

> "모든 사람이 죄를 범하였으매 하나님의 영광에 이르지 못하더니 그리스도 예수 안에 있는 속량으로 말미암아 하나님의 은혜로 값 없이 의롭다 하심을 얻은 자 되었느니라"(롬 3:23-24).

여기서 '속량'이라는 단어는 고대 노예시장에서 사용하던 말로, 주인에게 값을 치르고 노예를 사서 자유롭게 해 주는 것을 뜻합니다. 죄의 힘에 포박되어 죄의 노예 된 우리에게 자유와 해방을 주시기 위해 예수님이 십자가에서 피값을 치르신 것이 바로 '그리스도 예수 안에 있는 속량'입니다.

나는 연약하고 허물 많고 죄가 가득하지만 예수님이 이런 나를 위해 십자가에서 죽으심으로 내 죄를 용서받고 하나님의 자녀가 되었다는 사실을 믿고 "아멘"으로 받아들일 때, 나는 죄의 힘으로부터 풀려나기 시작합니다. 그리고 죄의 층에 질식되어 있던 영혼이 살아나면서 기도와 말씀 속에서 하나님의 음성을 듣고 주님과 교제할 수 있게 됩니다.

3. 의지로 결단하라

이를 위해서는 의지의 결단이 있어야 합니다. 이제 내가 주인

된 자리에서 내려와 예수님을 내 삶의 주인으로 모시고 살기로 결단해야 합니다. 그리고 이렇게 고백해야 합니다. "주님, 저는 이대로는 안 됩니다. 저 스스로는 제 안에 있는 이 들짐승을 감당할 힘이 없습니다. 제 삶에 아무 소망도 가질 수 없는 죄인입니다. 이제 제 삶에 들어오셔서 주인 되어 주시고 저를 이끌어 주십시오."

개인적으로 저는 이 고백을 하기까지, 대학교에 들어가서부터 정확히 6년 걸렸습니다. 사실 20대 중반까지의 세월 전체가 '나 자신이 주인 되어 살아서는 내 인생에 희망은 절대 없다!'라는 자존심 상하지만 정직한 진실을 받아들이고, 당신 앞에 항복하도록 하나님이 일하신 시간이었던 것 같습니다.

저는 인생의 주도권(주권)을 나로부터 하나님께 이관한다는 것을 쉽게 받아들일 수 없었습니다. 내 주체성이 온데간데없이 사라지지 않을까 하는 염려 때문이었습니다. 그런데 저는 예수님을 믿고 나서 알게 되었습니다. **자기를 가장 사랑하는 사람은 하나님께 자기 자신을 온전히 맡기는 사람이라는 사실을 말입니다.**

나를 사랑하기 때문에 들짐승에 유린당하는 나에게 자신을 맡길 수 없습니다. 이 들짐승을 넉넉히 물리치시는 하나님, 나보다 나를 더 잘 아시고, 내 머리털까지 세시는 하나님께 나를 맡기는 것입니다. 그래서 내 인생이 새로운 의미와 보람을 갖게 되는 것입니다. 우리는 자신과 자신의 인생을 사랑합니다. 그렇다면 왜 스스로 감당할 수도 없는 자신에 기대어 인생을 허비합니까? 눈 먼 내가 나를 인도할 수 있습니까? 하나님 없는 내 자신에게 희망이 없다는 것을 왜 인정하지 않습니까? 하나님 없는 나로서는 내 인생의 미래를 결코 낙관할 수 없다는 사실을 무엇 때문에 받아들이려 하지 않습니까?

만일 아직도 자기 자신에게 조금이라도 미련이 남아 있다면 마음대로 좀 더 생의 걸음을 걸어가 보십시오. 괜찮습니다. 하나님은 품이 매우 넓으시기 때문입니다. 그러나 그 기간은 짧을수록 좋습니다. 자기 한계를 인정하기까지 너무 오랜 시간이 걸려, 마침내 깨달았을 때 인생의 시간이 이미 얼마 남아 있지 않다면 얼마나 안타까운 일이겠습니까? 그래서 의지로 바로 지금, 여기서 결단해야 하는 것입니다. 이 결단으로 우리는 죄와 허물을 용서받고, 하나님의 자녀로 인정받아 새로 창조되는 삶을 시작하게 됩니다.

너무 쉽기에 오히려 받기 어려운 구속의 은혜

한국 사람들은 이런 구원관을 잘 받아들이지 못합니다. 방법이 너무 쉽다는 것입니다. '무슨 구원이 그렇게 쉬운가? 그렇게 간단하면 이 세상에 구원 못 받을 사람이 어디 있겠는가?'라고 생각합니다.

한국 사람의 내면에는 불교의 영성, 특히 수행의 영성이 깊이 자리하고 있습니다. 내 안에 있는 신성(神性)을 완성하기 위해 뼈를 깎는 노력을 해야만 마침내 구원이 완성된다고 생각하는 종교 문화에 익숙해 있습니다. 이런 시각에서 볼 때 예수 그리스도의 피로써 구속받는 구원의 능력을 믿고, 자신의 죄와 허물을 인정하고 그리스도로 말미암아 용서함을 받으며, 자신의 삶을 주님과 함께 살기로 결심만 하면 구원을 받는다는 신약의 복음은 너무 쉬운 구원의 길입니다. 그래서 오히려 사람들에게 쉽게 받아들여지지 않는 것입니다. 사람들은 구원을 얻기 위한 무언가가 더 있을 것이라고 전제하고, 믿음으로 구원을 얻는다는 진리를 가치 없는 것으로 치부해 버립니다.

열왕기하 5장에 비슷한 이야기가 나옵니다. 아람의 장수 중 나아만이라는 사람이 있었는데, 그만 나병에 걸렸습니다. 온갖 뛰어난 의사와 점쟁이와 술법사들을 불러서 병을 고치려고 했지만 전혀 차도가 없었습니다. 그런데 어느 날 유대 땅에 살고 있는 엘리사 선지자가 능력 있고 신통하다는 이야기를 들었습니다. 그래서 엘리사에게 가서 자신의 병을 고쳐 달라고 요청했습니다. 엘리사는 나아만에게 요단강에 가서 일곱 번 목욕하면 나을 것이라고 일러 주었습니다.

그런데 나아만이 어떻게 반응했을까요? 그는 엘리사의 말을 받아들이지 않고 왔던 길로 돌아가 버리려고 했습니다. 왜일까요?

'그렇게 쉽게 나을 병 같으면 내가 왜 이때까지 그 고생을 했겠어?' 하는 생각이 들었기 때문입니다. 그때 곁에 있던 몸종이 이야기했습니다.

"내 아버지여 선지자가 당신에게 큰일을 행하라 말하였더면 행하지 아니하였으리이까 하물며 당신에게 이르기를 씻어 깨끗하게 하라 함이리이까"(왕하 5:13).

이때까지 그 고생을 했는데 요단강에 일곱 번 몸을 씻으면 낫는다는 말을 굳이 못 믿을 이유가 어디 있느냐는 것입니다. 결국 나아만은 몸종의 충고를 따라서 요단 강에 일곱 번 몸을 씻었고, 병이 나았습니다.

여기에 기독교 복음의 그림자가 들어 있습니다. **인간은 복음이 너무 쉽기 때문에 복음을 받아들이지 않는다는 사실입니다.** 이것은 교만입니다. 복음은 반복해서 말합니다. "예수님이 다 이루어 놓으셨다. 그저 겸손함과 감사함으로 받으라!" 그래서 우리는 솔직하게 기도할 수 있습니다. "하나님! 저에게 이렇게까지 간단하게 구원의 길을 열어 주셨다는 사실이 무척이나 감격스럽고 감사합니다!" 우리는 이처럼 죄 사함의 은총을 믿음으로 끌어안아야 합니다. 기독교의 구원은 모든 연약하고 죄악 된 사람들에게 열려 있는 축복의 길입니다.

삼무관(三無關) 인식하기

그러면 내가 구속 곧 죄 사함을 받아 하나님의 자녀가 되었는지 아닌지 어떻게 알 수 있을까요? 지금 내가 강을 건넜는지 안 건넜는지 어떻게 알 수 있을까요?

구속받은 성도는 삼무관(三無關)을 기억해야 합니다. 구속과 다음 세 가지는 전혀 관계가 없다는 의미입니다.

첫째, 구속은 '감정'과 무관합니다. 신앙을 가진 내 가슴이 지금 뜨거운가 차가운가, 내가 영적으로 하나님과 뜨거운 관계인가 냉랭한 관계인가 하는 감정은 구속과는 전혀 상관이 없습니다. 구속은 인간의 주관적인 느낌과 관계없이 하나님의 객관적인 은총으로 시작되기 때문입니다. 내가 십자가의 진리를 받아들이느냐 거부하느냐가 관건입니다.

둘째, 구속은 내가 어떤 '신앙 체험'을 했느냐와 무관합니다. 무신론자였다가 회심한 대부분의 사람들은 하나님과 만난 크고 작은 신비체험을 갖고 있습니다. 그들을 대하는 성도들의 반응은 대체로 두 가지로 나타납니다. 먼저 살아 계신 하나님의 역사에 감격해하면서 자신에게도 그런 하나님의 임재가 나타나기를 기대합니다. 반대로 그런 신앙 체험이 없는 자신을 바라보며 속으로는 영적 열등감을 느끼기도 합니다.

20대 중반에 회심해 그리스도를 믿게 된 저를 둘러싼 성도들의 반응도 비슷했습니다. 어떤 분은 초롱초롱한 눈망울로 마치 들에 핀 야생화를 보는 어린아이처럼 기대감을 갖고 자기에게 도 하나님이 찾아오시기를 기다렸습니다. 그런가 하면 어떤 분 은 제가 가졌던 은혜의 체험을 그저 고개를 푹 숙인 채 듣기만 했 습니다.

저는 처음에는 '하나님이 내게 체험을 주신 것은 나를 특별히 쓰시기 위해서일 것이다. 아마 바울처럼 쓰시려나 보다!' 하고 속 으로 되뇌었습니다. 그런데 시간이 지나면서 말씀을 묵상하고, 말씀에 비추어 제 내면을 들여다보면서 생각이 달라졌습니다. 회 심 체험 자체가 하나님의 망극하신 은총이라는 사실을 알게 된 것입니다. '오죽이나 교만하고 목이 곧으면 체험을 주셔서야 예 수님을 믿게 되었겠는가? 체험이 없으면 하나님을 살아 계신 하 나님으로 믿지 않을 뿐 아니라 자칫 하나님과의 관계가 끊어질 것 같으니까, 주님이 살아 계시다는 것을 삶 속에서 확실한 증거 로 보여 주신 것이구나!'

회심을 체험한 일은 누구에게 자랑하거나, 영적 위세를 부릴 만한 것이 조금도 아닙니다. 그저 감사한 일일 뿐입니다. 어떤 성 도들은 신앙 체험이 없다고 해서 '하나님이 나를 사랑하시지 않나 보다' 하고 생각합니다. 또는 '하나님이 정말 나를 구원하셨나?' 하고 질문을 던지는 분들도 있습니다. 그러나 체험이 없는 성도 들은 낙심할 것이 아니라, 오히려 체험이 없어도 예수님을 잘 믿는 자신에 대해 영적 자긍심을 가져야 마땅합니다.

대개 모태 신앙을 가진 분들은 체험이 별로 없습니다. 왜냐하면 어머니 배 속에서부터 기도를 듣고 말씀을 읽고 자라 경건의 삶이 세포까지 박힌 신실한 사람들이기 때문입니다. 그렇기 때문에 하나님 입장에서는 굳이 신비체험을 하지 않아도 흔들림 없이 하나님을 사랑할 수 있다고 여기시는 것입니다. 하나님은 그들을 신뢰하시고 그들의 믿음을 기뻐 받으시고 새로운 지평을 열어 주십니다. 이처럼 구속은 체험과 관계가 없습니다.

셋째, 구속은 '행위'와 무관합니다. 내가 어떤 행동을 했는가는 내가 구속을 받는 데 조건 혹은 전제가 될 수 없습니다. 성경을 보면 사도 바울은 구원을 '받는 구원'(구속 혹은 칭의, 하나님이 우리를 아들딸로 받으시는 구원, 롬 5:9)과 '이루는 구원'(성화, 빌 2:12) 두 가지 측면으로 봅니다. 그리스도인의 풍성한 삶을 위해서는 이 둘은 동전의 양면과 같아 어느 하나도 놓칠 수가 없습니다.

받는 구원은 행위 여부와는 전혀 관계가 없습니다. 극단적인 예를 들어 보겠습니다. 어떤 그리스도인이 자신에게 이루 말할 수 없는 수치를 안겨 준 사람을 향한 분노를 억제하지 못해 그만 그를 살해함으로 복수를 했다고 합시다. 그 순간 사탄은 어김없이 그에게 속삭이며 참소합니다. "너는 이제 사람을 죽인 자다. 어찌 하나님이 너 같은 살인자를 받으시겠느냐? 너는 끝났다." 이것은 원수가 그리스도인의 잘못된 행동에 대해 죄책감을 가져다 주는 것입니다.

예수님을 팔아넘긴 가룟 유다는 왜 스스로 목을 매달아 죽었을까요? 예수님이 쏟아부으신 사랑을 생각하면 가룟 유다보다 베드로가 예수님의 가슴에 훨씬 더 큰 못을 박았다고 볼 수 있습니다. 그런데 베드로와 달리, 가룟 유다는 스스로 목숨을 끊었습니다.

가룟 유다는 자신이 스승을 배반했다는 사실을 견딜 수가 없어서 스스로 죄의 짐을 지고 자신의 인생을 직접 마무리해 버린 것입니다. 여기에 잘못이 있습니다. 혹시 내가 어떤 극단적인 행동을 했을지라도 하나님 앞에 죄를 자복하고, 있는 모습 그대로 나아가면 하나님은 예수님의 피 공로 때문에 그 죄를 기억하지 않으시고 은혜로 다시 받아 주십니다. 인생을 새 출발하게 해 주십니다.

이것이 구속의 확신입니다. 죄책으로부터의 해방입니다. 우리는 과거에 구속받았을 뿐만 아니라, 지금도 받고 있고, 미래에도 믿음으로 구속 곧 죄 사함 받아 계속해서 하나님의 자녀로 살아갑니다. 그런 면에서 우리는 항상 은혜의 보좌 앞으로 담대히 나아갑니다.

내가 바르게 살고 있는가, 잘못 살고 있는가가 주님과의 사이가 가까운가, 먼가를 판단하는 척도가 되어서는 안 됩니다. 우리는 구속받지 못할까 두려워하여 자기 잘못을 인정하고, 다시는 그 잘못을 저지르지 않겠다고 결심하는 것이 아닙니다. 우리가 온전히 살고자 함은 내가 사랑하는 하나님의 마음을 아프게 해 드리지 않기 위해서입니다. 나아가, 하나님이 나에게 주신 사랑이 놀랍고 감사하므로 이제는 그분의 뜻을 따라 살고 싶다는 자원하는 심령이 우리로 하여금 거룩한 삶을 추구하게 합니다.

설사 하나님과의 관계가 끊어질 정도로 심각한 범죄를 저질렀다 할지라도 주님 앞에 나아가기만 하면, 주님께서는 탕자가 돌아오기를 기다린 아버지처럼 버선발로 뛰어나와 맞아 주신다는 사실을 믿는 것이 바로 믿음으로 붙잡는 구원입니다. 이처럼 구속은 행위와 관계가 없습니다.

종교개혁자 칼빈은 이를 가리켜 '견인의 은총'이라고 했습니다. 우리가 예수님을 믿고 하늘나라 생명책에 이름이 올려졌다면 그것은 어떠한 지우개로도 지울 수 없는, 하나님의 사랑의 매직펜으로 쓰인 영원한 것임을 확고히 믿어야 합니다.

이처럼 우리의 구속 곧 죄 사함은 감정이나 체험과 상관이 없고, 행위와도 무관합니다. 구속은 하나님이 주시는 선물이기 때문입니다. 구속은 하나님 소관입니다. 이를 일컬어 '객관적 구원사건'이라고 합니다. 우리의 주관적인 감정이나 체험, 행위로는 하나님 앞에 의롭다고 할 자가 없습니다.

이는 형제자매를 대하는 태도에도 적용됩니다. 성도들이 구원을 받았는지 못 받았는지 인간인 우리는 결코 확인할 수 없다는 뜻입니다. "당신이 바르게 행동하지 못하는 이유는 구원받지 않았기 때문입니다" 혹은 "성격 좋고 바르게 행동하는 것은 좋은데, 그전에 구원부터 받으십시오"라고 말하는 것은 옳지 않습니다. 하나님이 주시는 구원이므로 우리가 감히 이래라저래라 할 수 없습니다. 다만 우리가 할 수 있는 일은 그 영혼을 위해서 기도하는 것뿐입니다. 상대방이 진실하다면 하나님 앞에 구원을 받았는지 안 받았는지 스스로 알 것입니다. 구원은 하늘에 속한 것입니다. 우리는 단지 겸손함으로 나아갈 뿐입니다.

자기 자신은 알 수 있다

그렇다면 구속 곧 죄 사함은 철저히 하나님께 속한 것이기 때문에 인간 자신은 전혀 알 수 없을까요?

"그러므로 내가 너희에게 알리노니 하나님의 영으로 말하는 자는 누구든지 예수를 저주할 자라 하지 아니하고 또 성령으로 아니하고는 누구든지 예수를 주시라 할 수 없느니라"(고전 12:3).

이 말씀은 바꾸어 말하면, **예수님을 주시라 하는 사람은 성령으로 그 고백을 하고 있는 것이라는 뜻입니다.** 체험도 없고, 감정도 뜨겁지 않고, 비록 행위도 바르지 못하지만 예수님을 주님으로 분명히 고백하고, 인정하고, 받아들인다면 그는 성령으로 말하는 자, 성령께서 이미 그 안에 들어와 계신 자입니다.

어떤 교파에서는 예수님을 믿고 난 뒤에 성령을 다시 받아야 한다고 말합니다. 이것은 진리가 아닙니다. 하나님은 삼위 하나님이십니다. 성부, 성자, 성령께서 항상 함께하십니다. 세 분이 따로 일하시는 경우는 없습니다. 예수님을 주님으로 받아들이는 순간, 동시에 예수 그리스도의 영이신 성령을 인정하고 받아들이는 것입니다. 예수님은 믿는데 성령은 받지 않았다고 말하는 사람이 있다면 그는 예수님과 성령을 따로 떼어 생각하는 것입니다. 예수님을 믿어 성령을 받았기 때문에 우리는 "아멘"이라고 말할 수 있습니다.

그런데 왜 일부 그리스도인들은 예수님을 믿는 것과 성령을 받는 것을 별개로 생각할까요? '인격'으로서의 성령과 '능력'으로서의 성령을 혼동하기 때문입니다. 성령 체험이 성령의 능력을 체험하는 것인 반면에, 성령 받음은 성령과의 인격적인 접촉을 뜻합니다. 그런데 우리는 이를 구분하지 못해 성령의 능력을 체험하지 않으면 인격이신 성령도 받지 않은 것이라고 생각합니다.

인격이신 예수님을 믿으면 그분의 영이신 성령도 동시에 받습니다. 체험이 없고 감정이 뜨겁지 않다 할지라도 우리는 성령을 받은 성령의 사람들입니다. 예수님을 주시라 하는 것은 성령께서 내 안에 오셔서 그 사실을 고백하도록 영의 눈을 열어 주셨기 때문에 가능한 일입니다. 예수님을 주님으로 고백했습니까? 그렇다면 성령을 받은 것입니다.

우리는 21세기 과학주의 시대를 살고 있습니다. 이 시대는 눈에 보이는 것만 진리로 믿고 살아갑니다. 그런데 어떻게 2,000여 년 전, 갈릴리 나사렛에 살았던 한 청년의 죽음이 우리의 죄를 용서하는 결정적인 능력이 되었다는 사실을 믿을 수 있겠습니까? 이 고백은 기적이 아니고는 할 수 없는 것입니다.

자신의 이성이 미처 깨어나기도 전, 어릴 때부터 예수를 믿어 왔다 할지라도 예수가 자신의 인생의 구주라는 이 사실을 받아들이고 인정하게 된 것은 하나님이 역사하셔서 내 영을 깨워 구원의 신비를 보게 하셨기 때문입니다. 이 자체가 전적인 은혜이며, 감사요, 신비이고, 감격입니다. 이 사실을 분명히 믿고 예수님의 말씀대로 살다 보면 하나님이 때와 필요를 따라 자연스럽게 성령 체험도 하게 해 주십니다. 우리 안에 성령을 통해 주시는 구속의 확신이 강철같이 확고하게 되기를 바랍니다.

02

치유와 회복의
확신

생각하며 읽기

1. 예수님을 믿지만 변화되지 않는 이유가 무엇입니까?
2. 구원은 구속에서 시작해 치유와 회복을 경험하는 여정임을 이해합니다.

신앙생활을 하면서 자기 자신에 대해 실망해 본 적이 있습니까? 구원받았다고 하는 자신을 하나님 앞에서 솔직히 들여다보니 너무나 부끄럽고 죄송스러웠던 적이 있지 않나요? 수없이 결심하고 다짐하지만 연약함 때문에 무력하게 넘어지는 경험을 자주 하지는 않습니까?

혹시 이런 질문이 떠오른 적은 없었나요? '내 안에 들어 있는 들짐승, 이 병든 의지는 분명히 예수님을 믿고 정복되었다고 하는데 왜 나는 이렇게밖에 못 사는가? 하나님이 내게 주신 구원은 하나님의 아들이 피값을 치르면서 주신 엄청난 선물인데 왜 정작 구원받은 내 삶은 이렇게 보잘것없는가? 내가 무언가 잘못 믿고 있는 것은 아닌가?'

이런 고민을 하는 성도들은 대개 다음과 같은 신앙 패턴을 반복합니다. 주일에 은혜를 받지만 그 은혜가 오래가지 못합니다. 세상에 나가 죄를 짓고, 교회에 와서 회개하고, 다시 은혜 받고, 한 주간의 삶에서 또다시 넘어집니다. 이렇게 '은혜-죄-뉘우침'을 반복하는 신앙을 '사사기 신앙'이라 말합니다. 사사 시대에 이스라엘 백성이 죄를 짓고, 하나님께 벌 받고, 회개하고, 하나님이 용서해 주시고, 또다시 죄를 짓는 패턴을 반복한 것과 똑같기 때문입니다. 우리 중에는 이렇게 사사기 신앙을 가진 이들이 많습니다.

여기서 질문이 생깁니다. 구속 곧 죄 사함을 받은 하나님의 자녀는 죄의 권세에서 놓임을 받았다고 말하는데, 여전히 우리 주변을 맴돌며 떠나지 않는 이 죄는 도대체 무엇입니까? 죄에서 해방되었다고 선포하지만 여전히 남아 있는 이 죄로 인해 많은 그리스도인들이 곤혹스러워하고 있습니다. 문제는 이 패턴이 되풀이되면 신앙이 시험에 들 뿐 아니라 심지어 실족하는 경우도 생긴다는 것입니다.

한국 교회의 '구원의 확신'은 문제가 있다

저도 신앙생활을 하면서 비슷한 경험을 했습니다. 20대 중반에 회심 체험을 하고 난 후 약 3년이 지나자 신앙이 정체되고 있다는 느낌이 들었습니다. 가만히 보니 사사 시대 이스라엘 백성처럼 같은 문제를 반복하고 있었습니다. 그러자 곧 구원을 받았다고 확신하면서도 다람쥐 쳇바퀴 도는 듯한 삶을 반복해서 살아가는 내 자신에게 회의가 찾아왔습니다.

당시 제게는 두 가지 질문이 떠올랐습니다. 첫째는 '내가 정말 구원을 받은 것일까?'라는 질문이었습니다. 구원의 확신이 흔들렸던 것입니다. 둘째는 '구원에 대한 확신이 있다고 치자. 그러나 이 확신이 지금 내 상황에 무슨 소용이 있단 말인가? 지금 나는 영적으로 이렇게 질척이고 비틀거리고 있는데, 구원을 받았다는 확신이 이 순간 내 영혼을 만족시킬 수 있는가?' 하는 질문이었습니다.

그러던 차에 종교개혁자 마르틴 루터의 신학 사상을 접하게 되었습니다. 루터는 그리스도인의 존재 됨에 대해 "그리스도인은 죄인인 동시에 의인이다"라고 말했습니다. 인간은 예수님을 믿는다 해도 자신의 죄에서 결코 완전히 벗어날 수는 없다는 것입니다. 그리스도인 또한 하나님 앞에서 볼 때 한없이 부끄러운 존재일 뿐이요, '죄'와 '의'(義) 사이에서 영원한 진자 운동을 반복하지

만 하나님이 그런 우리를 꾸짖거나 버리지 않으시고 의인으로 인
정해 주시기 때문에 우리는 자신을 긍정하면서 살아갈 수 있다는
것입니다. 스스로에게 낙심하고 있던 제게 이 말이 얼마나 큰 위
로가 되었는지 모릅니다.

그러나 문제는 해결되지 않았습니다. 하나님 앞에서 나를 긍정
하며 살아가는 일에는 더 이상 흔들리지 않았지만, 복음이 가진
인간 변화의 능력에 대해서 루터는 아직 답을 주지 못했습니다.
저는 피부로 느껴지는 변화를 갈구하고 있었던 것입니다.

예수님은 곤고한 영적 패턴을 반복하면서 제자리를 맴도는
제 신앙 상태에 대해 다음과 같이 분명히 말씀하셨습니다.

> "내가 진실로 진실로 너희에게 이르노니 나를 믿는 자는 내가 하
> 는 일을 그도 할 것이요 또한 그보다 큰일도 하리니"(요 14:12).

예수님은 우리가 그분을 따를 때 일어나는 엄청난 일을 말씀하
셨습니다. 하나님을 새롭게 알게 된 백성이 얼마나 아름다워질
수 있으며 얼마나 위대해질 수 있는지를, 또한 그 믿음이 세상을
뒤집어 놓을 만큼 강력한 능력을 발휘할 수 있다는 사실을 보여
주신 것입니다. 오늘도 하나님은 우리가 그러한 신앙생활을 하며
살아가기를 바라십니다.

반복되는 문제의 결과

결국 루터는 영적으로 빈약하고 빈곤한 나의 수준과 예수님의 위대한 비전 사이에 왜 이렇게 엄청난 간극이 있는지 충분히 설명해 주지 못했습니다. 다시 말해 '나는 변화되고 싶다. 변화함으로 주님의 위대한 비전에 내 삶을 온전히 드리는 가치 있는 삶을 살고 싶다. 그런데 왜 잘 안 되는 것일까?'라는 탄식에 답을 주지 않았습니다.

기도하지 않고 말씀을 보지 않아서일까요? 저는 누군가와 상담을 할 때 "기도하고 말씀을 보십시오"라고 단순하게 결론 내리는 것을 좋아하지 않습니다. 물론 우리는 기도하고 말씀을 보아야 합니다. 하지만 이 말이 정답으로 수용되기 위해서는 수많은 부연 설명과 납득의 과정을 거쳐야 한다고 생각합니다.

모든 그리스도인은 자신이 기도해야 한다는 것을 알고 있습니다. 그렇지만 때로 우리는 기도하고 싶지 않습니다. 우리는 문제에 대한 답이 성경에 있다는 것을 알고 있습니다. 그렇지만 그 답을 따르고 싶지 않을 때가 분명히 있습니다. '새벽기도회에 가야지!' 하고 결심하지만 새벽에 알람이 울리면 어떻습니까? 눈을 반쯤 감고 자기도 모르는 사이에 알람을 끄고는 다시 이불 속으로 쏙 들어갑니다. 그리고 아침에 눈을 뜨면 '어휴! 내가 이것밖에 안 되나? 겨우 이 정도 믿고 살게 하시려고 하나님이 아들이신 예수님을 나를 위해 주셨는가?'라고 한탄합니다. 하나님께 죄송스럽고 스스로가 얼마나 한심하고 부끄러운지 모릅니다.

이렇게 패배적인 신앙생활이 반복되면 세 가지 양상이 나타납니다. 첫째, 믿음의 열정이 서서히 식습니다. 요란하게 예수를 믿으면 나중에 더 힘들어지기만 한다며 자신을 합리화합니다. 열정을 뿜으면 뿜을수록 변화되지 않는 자신에게 더 실망하게 될 것을 예감하고 마음의 평안을 위해 신앙의 열정을 포기하는 것입니다.

둘째, 선행 혹은 헌신에 매달립니다. 대개 내면이 상한 사람이 교회를 위해 몸이 부서지도록 헌신하는 경우가 많습니다. 행동지향적인 신앙입니다. 물론 우리는 선행을 하고 헌신해야 합니다. 그런데 내면의 곤고함을 진지하게 다루지 않은 채 베푸는 선행과 헌신은 대단히 위험할 수 있습니다. 우리는 영혼의 필요에 무지하고 예수님을 진정으로 사랑하기 때문에 기쁨으로 자발적으로 헌신하는 것이 아니기 때문입니다. 행위로는 절대 영적 곤고함을 채울 수 없습니다.

셋째, 복음에 능력이 없다고 생각해 교회를 떠납니다. 구원을 얻으려고 교회에 왔는데, 구원을 체험하지 못하니 신앙을 버리는 것입니다.

어떻게 하면 변화될 수 있는가?

도대체 우리는 왜 잘 변화되지 않는 것일까요?

구원은 치유다

마가복음 5장에는 12년간 혈루증으로 고생한 여인이 나옵니다. 혈루증은 만성 자궁 출혈병으로, 하혈이 멈추지 않고 출혈이 지속되는 병입니다. 오늘날에는 단순히 육체의 질병일 뿐인데, 유대 사회에서는 일종의 하나님의 징벌로 여겨졌습니다. 육체적으로 고통받는 질병을 종교적으로 정죄해 사회에서 격리시켰던 것입니다. 몸이 아파서 힘든 것도 억울한데 사람들로부터 소외당하고 하나님께로 가는 길도 차단당했으니 여인의 마음이 얼마나 멍들고 한이 맺혔을까요?

여인은 병을 고치려고 무던히 애를 썼지만 효험을 보지 못하고 가지고 있는 재산만 다 날려 버렸습니다. 낙심하던 차에 예수라는 사람이 병을 고치는 능력이 있다는 이야기를 듣게 되었습니다. 여인은 '그 옷자락에만 손을 대어도 낫겠다'라고 생각했고, 실행에 옮긴 결과 실제로 병이 나았습니다.

우리가 주목할 것은 '여인과 예수님이 구원에 대해 어떻게 생각하고 있는가'입니다. 마가복음 5장 28절은 "이는 내가 그의 옷에만 손을 대어도 구원을 받으리라 생각함일러라"라고 말합니다.

복음서는 여인의 병이 낫는 것을 '구원'이라고 말합니다. 예수님 또한 "딸아 네 믿음이 너를 구원하였으니 평안히 가라 네 병에서 놓여 건강할지어다"(막 5:34)라고 말씀하셨습니다. 여인의 믿음으로 병이 치유된 것을 '구원'이라고 표현하신 것입니다.

구원은 헬라어로 '소테리아'(sotéria)인데, 치유(healing) 혹은 회복(recovery)의 뜻을 가지고 있습니다. 신약성경의 세계에서 본래 구원은 치유입니다. 즉 **자신을 고통스럽게 하는 것에서 치유되어 놓임 받는 것이 바로 구원인 것입니다.**

그렇다면 우리에게 다음과 같은 질문이 생길 법합니다. "하나님이 죄에 노예 된 우리를 자신의 피값을 치러 사셨고, 그로써 우리 죄가 용서받았으며, 하나님이 우리를 의롭다고 인정해 주셨다는 그 구원은 무엇인가?"

앞서 살펴보았듯이 이것은 엄격하게는 구원이 아니라 구속입니다. 죄에 노예 된 우리를 예수님이 피값을 치러 사셨습니다. 예수님은 마귀에게 붙들려 있던 우리를 당신의 사람으로 만드셨습니다. 이것이 구속입니다. 구속은 "예수님이 우리의 구주시라!"고 입으로 시인할 때 받고, 단번에 일어나며, 한 번으로 완결되는 사건입니다. 아담이 죄를 지었을 때 하나님과 우리의 관계가 깨어졌습니다. 아담으로부터 시작된 죄는 예수님의 피로 해결되었습니다. 우리는 더 이상 심판의 자녀가 아니라 하나님의 자녀입니다.

그런데 아직 모든 것이 끝나지는 않았습니다. 아담과 하와가 죄를 짓고 난 이후를 보십시오. 내면의 증세가 연쇄적으로 나타났습니다. 먼저 눈이 밝아져 자기들이 벗은 것을 부끄러워했습니다(창 3:7). 계몽되어 자기 수치심을 갖게 된 것입니다. 계몽은 인본주의적 사고 측면에서 보면 좋은 것입니다. 그런데 히브리적 사고 측면에서는 긍정적으로 보지 않습니다. 성경은 아담과 하와가 선악과를 먹기 전에는 벗었지만 부끄러워하지 않았다고 말합니다(창 2:25). 하나님의 안목으로 보았기 때문에 그분이 만드신 자신과 세계가 아름다워 보였던 것입니다.

안타깝게도 아담과 하와가 죄를 범한 이후 하나님의 안목이 파괴되고 자아(에고)의 눈이 열렸습니다. 그들은 그 눈으로 자신과 세계를 평가했습니다. 이내 서로를 향해 수치심을 느꼈습니다. 하나님과 그들 사이에 벽이 생기니 하나님이 타인처럼 여겨져 두려움이 엄습했습니다(창 3:10). 연이어 자신들이 저지른 죄에 대해 하와는 뱀을 탓했고, 아담은 하와 핑계를 댔습니다. 이기심이 싹튼 것입니다.

창세기 3장은 하나님과 인간의 관계가 단절된 후, 어떻게 인간 안에 온갖 심리적, 영적 병증과 죄악이 연쇄적으로 역동하게 되었는지를 보여 줍니다. 창세기 4장에 가서는 형이 동생을 질투해 살인을 저지르기까지 합니다. 이 일련의 전개는 무엇을 뜻합니까? **죄는 하나님과 인간의 관계를 끊어 버리는 것에서 그치지 않고 인간 안에 온갖 영적, 심리적 질병과 이로 인한 관계**

의 단절을 가져옵니다. 이는 구속으로 말미암아 하나님과 우리 사이의 관계는 해결될지라도, 애초에 이 관계가 깨어질 때 파생된 내면의 심리적, 영적 질병은 그대로 남아 있다는 뜻입니다.

이 말은 우리가 구원을 이해하는 데 대단히 중요한 의미를 갖고 있습니다. 하나님이 구속 곧 우리 죄를 사하시고 내면의 문제를 다루심으로 우리 안에 하나님의 형상이 온전히 회복되는 과정을 시작하신다는 뜻인 것입니다. 이것이 구원의 과정입니다. 즉, 구원은 구속 곧 죄 사함과 용서로 시작해, 치유와 회복으로 말미암아 그리스도의 형상으로 자라가는 전(全) 과정입니다.

구속이 없으면 구원은 진행될 수 없습니다. 죄 사함과 용서를 받지 못하면 치유와 회복은 일어날 수 없다는 뜻입니다. 역으로 치유와 회복이 일어나지 않으면 죄 사함과 용서는 공허해집니다. **'죄 사함과 용서'가 구원으로 들어가는 입구라면, '치유와 회복'은 구원의 거실이요 방들이라 비유할 수 있습니다.** 양자가 다 중요하지만, 후자가 훨씬 중요합니다. 기독교 신앙의 진면목은 구속, 곧 죄 사함의 은총에 있는 것이 아니라 치유와 회복을 통해 그리스도의 형상을 닮아 가는 구원에 있는 것입니다.[3]

---

3) 그래서 바울은 "나의 자녀들아 너희 속에 그리스도의 형상을 이루기까지 다시 너희를 위하여 해산하는 수고를 하노니"(갈 4:19)라고 말하면서 그리스도의 영성 형성(spiritual formation)의 방향이 죄 사함이 아니라 그리스도의 형상을 온전히 이루는 것으로 보았던 것입니다.

치유와 회복이 나에게 일어나지 않는 이유

이제 성도들 안에 변화가 잘 일어나지 않는 이유에 좀 더 접근해 봅시다. 왜 오늘날에는 혈루증을 앓던 여인이 경험했던 치유와 회복의 역사가 그리스도인의 일상에서 잘 일어나지 않을까요?

첫째, 성도들 안에 혈루증을 앓던 여인과 같은 영적 절박함이 없기 때문입니다. 목마른 사슴이 시냇물을 찾듯이 예수님으로 인해 삶이 고침 받기 원하고, 구원의 능력을 힘입어 살고 싶다는 절절한 심정, 거룩한 열망이 없기 때문입니다.

둘째, 내면의 죄, 죄의 뿌리, 영혼을 파괴해 자신을 고통으로 몰아가는 죄의 바이러스를 뽑아내겠다고 다짐하고, 이에 직면하려는 신앙의 자세가 결여되어 있기 때문입니다.

셋째, 잘못된 구원관 때문입니다. 성도들이 자기 안에 엄연히 존재하는 죄와 악과 상처, 즉 주님이 다루시기 원하는 내면의 문제에 직면하지 않고, 하나님과의 피상적인 관계에만 머물러 있어도 괜찮다고 거짓으로 위로해 주는 '나쁜 구원관' 때문입니다.

거룩한 열망은 불꽃입니다. 불꽃은 더욱 타오르기도 하지만 꺼져 버리기도 합니다. 거룩한 열망 또한 활활 타오르기도 하지만 서서히 꺼져 버릴 수도 있습니다. 주를 닮아 가겠다는 열망, 치유되고 회복되어 그리스도의 형상을 이루겠다는 열망은 모두 영적 불꽃입니다.

성령은 성도 안에 영적 불꽃이 더욱 활활 타오르기를 원하십니다. 하지만 성도들 안에 작동하는 나쁜 구원관이 영적 열망을 오히려 꺼져 가게 만들어 버렸습니다. 그래서 그들은 사죄의 은총에만 머무는 진전 없는 신앙생활을 반복해 왔던 것입니다. 이제 '바른 구원관'에 굳게 서서, 꺼져 가던 영적 열망을 다시 일으켜야 합니다.

받는 구원과 이루는 구원

구속을 '객관적 구원'이라고 한다면, 구원은 '내면적 구원'이라고 할 수 있습니다. 구속 곧 죄 사함은 내면의 변화 여부와 상관없이 하나님의 일방적인 은총으로 나에게 벌어진 사건이라는 측면에서 '나 밖으로부터의 사건', 즉 객관적 사건입니다. 객관적 구원 사건으로 우리는 의롭다 하심을 받아 하나님의 자녀가 됩니다.

한국 교회나 선교 단체에서 "구원받았다"라고 말할 때 그 구원은 엄격하게 말해 구속 곧 객관적 구원을 뜻합니다. 이로 말미암아 그리스도인은 죽음의 권세를 이기고 그 공포로부터 자유와 해방을 얻게 되며, 천국에 간다는 확신을 가진 삶을 살게 됩니다.

그러나 이것이 구원의 전부는 아닙니다. 내면의 영적 혈루증, 즉 나를 피 흘리게 하고 사람들로부터 멀어지게 하며 하나님 앞에 고개 들지 못하게 만드는 일들을 실질적으로 치유하셔서 예수님을 닮은 사람이 되도록 이끌어 가시는 하나님의 놀라운 은혜와 축복이 있습니다. 바로 내면적 구원입니다. 나 밖에서 일어난 사건이 이제 내 안으로 치고 들어와 영혼의 오장육부를 고치기 시작한다는 면에서 내면적 구원입니다. 객관적 구원과 내면적 구원이 합쳐져 온전한 구원이 됩니다.

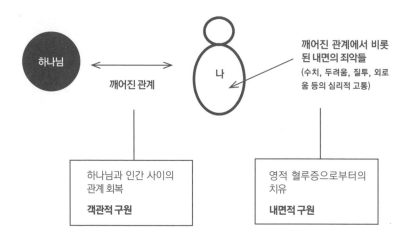

빌립보서 2장 12절은 "그러므로 나의 사랑하는 자들아 너희가 나 있을 때뿐 아니라 더욱 지금 나 없을 때에도 항상 복종하여 두렵고 떨림으로 너희 구원을 이루라"라고 말합니다. 여기서 '너희 구원을 이루라'는 말은 '받는 구원'이 아니라 '이루는 구원'을 가리킵니다. 그리스도인은 치유되고 회복되어야 할 내면의 문제와 상처, 즉 영적 혈루증을 직면하고, 하나님이 치유하고 회복시키실 수 있도록 그분의 은혜를 초청해 받아들여야 합니다. 성령께서 내면에 들어오셔서 치유하실 수 있도록 영혼의 오장육부를 열어 그분의 손길에 내어 드려야 합니다.

그렇다면 객관적 구원과 내면적 구원, 즉 구속과 구원을 합쳐 온전한 구원이라고 보는 것이 우리 신앙생활에 무슨 의미가 있을까요? 단순히 말해, 객관적 구원은 '칭의'를 뜻하고 내면적 구원은 '성화'를 뜻하는 것일까요? 혹은 전자를 '구원'이라고 한다면, 후자는 '그리스도인의 경건한 삶'을 말하는 것일까요?

그렇지 않습니다. 앞서 언급했듯이 지금 한국 교회 내에는 '받는 구원'이라는 얕은 은혜에 머문 채 '이루는 구원'이라는 깊은 은혜의 바다로 들어가는 것을 가로막는 잘못된 구원관이 역사하고 있습니다. 이 구원관은 성도들로 하여금 그저 값싼 은혜에 만족하게 만들어, 자신들을 끈질기게 괴롭히는 내면의 영적 질병에 대항해 거룩한 싸움을 싸우는 것을 방해하고 있습니다. 잘못된 교회 지도자는 섬기는 교회를 어렵게 하는 것으로 끝나지만, 잘못된 신학은 그 시대의 교회 전체를 원수의 손에 넘겨줍니다.

우리가 왜 변화되지 않습니까? 우리 내면의 질병을 직면하지 않아도 된다고 거짓으로 안심시키면서, 단순히 칭의에 만족하는 신앙에 계속 머물게 만드는 잘못된 구원관 때문입니다. 칭의(구속, 받는 구원) 이후 성화된 삶을 도덕의 영역으로 간주해, "거룩하게 살면 좋다. 하지만 굳이 그렇게 살지 못해도 우리의 구원은 훼손되지 않는다"라고 말하는 잘못된 신학 때문입니다.

그러나 과연 그러합니까? 의롭다 함을 얻은 자녀가 내면에 엄존하는 죄, 상처, 악을 직면해 은총으로 치유되어 가는 것은 해도 좋고 안 해도 상관없는 선택 사항이 아닙니다. 성도의 삶과 죽음이 달린 문제입니다. 복음의 핵심은 죽어서 천국 가는 것이 아닙니다. 자녀가 아버지 집에서 살듯이, 하나님의 자녀는 당연히 천국에 들어가게 되어 있습니다. **복음의 핵심은 예수님을 믿고 변화되어 그분이 주시는 생명을 받아 충만하게 누리는 삶을 살아가는 것입니다.** 하나님 나라가 내 안에 임해 일어나는 엄청난 변화 전체가 복음의 능력입니다. 예수님은 요한복음 10장 10절에서 이렇게 말씀하셨습니다.

> "내가 온 것은 양으로 생명을 얻게 하고 더 풍성히 얻게 하려는 것이라."

예수님을 정상적으로 믿으면 바뀌게 되어 있습니다. 혹시라도 바뀌지 않으면 안타까운 마음이 드는 것이 정상적인 성령의 역사입니다. 그런데 우리는 어떻습니까? 오랫동안 신앙생활을 해도 변화되지 않는 자신의 모습을 보고도 안타까워하지 않고, 하나님 나라가 내 안에 그림자도 비치지 않는데 전혀 아파하지 않습니다. 영적 혈루증을 앓고 있고, 죄의 뿌리와 상처가 여전히 자신을 괴롭히고 있는데도 예수님을 믿고 구원받았으니 괜찮다고 자족하고 있습니다.

그래서 성도의 내면은 오히려 믿지 않는 사람보다 더 헝클어졌습니다. 목회자는 잘못 가르치고, 성도들은 그 잘못된 가르침을 자기 안에 있는 상처를 가리려고 넙죽 받아들입니다. 그리고 그것이 신앙의 전부라고 생각합니다. 이 모든 것이 나쁜 구원관 때문입니다. 잘못된 구원관으로 성도들을 오염시키는 거짓 평안이 교회 안에 가득하기 때문입니다.

한국 교회의 문제는 도덕이 아닌 구원의 문제

이제 어느 정도 해결 지점에 이르렀습니다. 오늘날 한국 교회의 문제는 도덕적인 문제가 아닙니다. 물론 겉으로 드러난 문제는 행위의 문제요, 도덕의 문제로 보입니다. 그러나 좀 더 본질적으로는 '예수님을 믿고 구원받아 천국에 가는 확신이 있으니 이제 되었다'라는 신념과, 내면의 죄, 상처, 허물, 자신을 더 깊은 곤경으로 몰고 가는 영적 혈루증은 방치해 두어도 구원과 아무 상관없다고 말해 주는 구원론이 이러한 현상을 초래한 것입니다. 자기 안에 도사리고 있는 교만함, 영적 부패와 무감각, 죄와 상처를 다루지 않고 넘어가기 때문에 참된 변화가 없는 것이요, 그 결과 행위의 문제가 발생하는 것입니다.

구원은 주님이 초대하신 행복한 여정

여기서 구원에 대해 오해하면 안 되는 사실이 두 가지 있습니다. 첫째, 객관적 구원이든 내면적 구원이든 하나님이 주도권을 가지시고 성령을 통해 은총으로 일하신다는 사실입니다. 이 모든 구원의 여정은 은총으로 시작해서 은총으로 진행되며 은총으로 마무리됩니다. 다만 구속의 은총이 전적인 하나님의 은혜로 시작된다면, 치유와 회복의 은총은 하나님의 은총에 대한 성도의 거룩한 응답을 요구합니다.

둘째, 거듭 강조하거니와, 예수님도 믿고 선행도 해야 구원을 얻을 수 있다는 말은 사실이 아닙니다. 예수님을 믿으면 우리는 구속 곧 죄 사함을 얻습니다. 하나님 나라 생명책에 이름이 기록됩니다. 이러한 측면에서 볼 때 구원은 객관적 사건입니다. 느낌이나 감정과 무관합니다. 자신의 행위가 악한지 선한지가 구원을 결정하지 않습니다. 죽어서 천국 가는 데는 전혀 지장이 없습니다.

다만 죄 사함에만 시선을 고정하는 경우, 구원을 이루어 가는 과정에서 성도가 누리는 놀라운 축복, 깊은 은혜, 그리고 영혼의 치유와 회복, 세상이 주지 못하는 자유와 해방을 만끽하지 못하기에 안타까울 뿐입니다. **우리는 그리스도께서 우리에게 베풀어 주신 구원의 깊은 세계를 경험하도록 초대받았습니다.**

구원은 행복한 여정입니다.

사실 우리는 우리를 포박하고 있는 죄의 힘, 상처, 허위와 허울과 위선에 묶인 채 탄식하고 있지 않습니까? 그러한 죄의 질병을 부끄러워하지 않고 직면해서 주님 앞에 열어 놓을 때 그분의 손길이 우리를 자라나게 하시고, 자라나는 만큼 우리는 행복해집니다. 우리를 괴롭혔던 죄의 층이 주님의 만지심의 은총으로 한 꺼풀씩 벗겨질 때마다 우리는 내적 자유를 점점 더 많이 얻게 됩니다. 이로 인해 세상에서는 절대 얻을 수 없는 기쁨을 체험하게 됩니다.

구원에 이르는 여정은 억지로 끌려가는 길이 아닙니다. 무엇에도 매이지 않고 오직 하나님만 사랑할 수 있는 진정한 내적 자유를 얻는 길이요, 해방의 길입니다. 이것은 행복한 여정입니다. 양육과 훈련은 이 구원의 행복한 여정을 가능하게 해 주는 하나님의 은총의 수단입니다.

그리스도인은 아담과 하와가 범죄하고 난 후 내면에 쌓였던 죄의 층을 하나씩 걷어 내어, "주의 영이 계신 곳에는 자유가 있느니라"(고후 3:17)라는 말씀대로 자유를 누리기 위한 진정한 은혜의 바다로 초청받고 있습니다. 이 초대에 "아멘"으로 응답해 깊은 은혜의 바다로 기꺼이 자신을 던져 넣을 때 마침내 그리스도의 장성한 분량이 충만한 데까지 이르게 됩니다.

03

기도 응답의 확신

생각하며 읽기

1. 기도를 통해 우리와 동역하기 원하시는 하나님의 마음을 느껴 봅시다.
2. 기도 응답을 받지 못하는 이유가 무엇입니까?
3. 기도의 핵심은 무엇입니까?

신앙생활을 하다 보면 성경 말씀이 앞뒤가 맞지 않는 것 같을 때
가 자주 있습니다. 그중 하나가 기도에 대한 말씀입니다.

성경은 하나님이 우리에게 무엇이 필요한지 아시며, 그 필요
를 하나하나 채우신다고 말씀합니다. 마태복음 6장 30-32절에
서 예수님은 "오늘 있다가 내일 아궁이에 던져지는 들풀도 하나
님이 이렇게 입히시거든 하물며 너희일까 보냐 믿음이 작은 자

들아 그러므로 염려하여 이르기를 무엇을 먹을까 무엇을 마실까 무엇을 입을까 하지 말라 이는 다 이방인들이 구하는 것이라 너희 하늘 아버지께서 이 모든 것이 너희에게 있어야 할 줄을 아시느니라"라고 말씀하십니다. 또한 예수님은 하나님이 우리 한 사람 한 사람에게 얼마나 깊은 관심을 가지고 계시는지 이렇게 말씀하십니다.

> "너희에게는 머리털까지 다 세신 바 되었나니 두려워하지 말라"(마 10:30-31).

우리는 자신의 머리털이 몇 개인지 알 수 없지만, 하나님은 아십니다. 하나님이 그만큼 우리의 속사정을 잘 아신다는 말씀입니다. 우리 인생의 계획, 우리의 약점과 장점 등 모든 것을 속속들이 들여다보시면서 우리를 하나님의 길로 이끌어 가신다는 것입니다. 하나님이 우리의 형편과 처지를 알아서 해결해 주신다는 것입니다. 그래서 우리는 하나님을 철저히 신뢰할 수 있습니다.

그럼에도 불구하고 하나님은 당신의 자녀가 하나님께 구해야 한다고 말씀하십니다.

> "구하라 그리하면 너희에게 주실 것이요 찾으라 그리하면 찾아낼 것이요 문을 두드리라 그리하면 너희에게 열릴 것이니 구하는 이

마다 받을 것이요 찾는 이는 찾아낼 것이요 두드리는 이에게는 열릴 것이니라"(마 7:7-8).

왜 구해야 주시는가?

우리의 모든 속사정을 아셔서 필요할 때 주시고, 막힐 때 뚫어 주시는 하나님이신데, 왜 굳이 구해야 한다고 말씀하셨을까요? 하나님은 왜 땅에서 기도가 올라가야 하늘에서 응답을 내려 주신다고 말씀하시는 것일까요? 왜 필요할 때 바로 주시지 않고 성도들의 기도를 기다리시는 것일까요?

저도 한때 이런 의문이 풀리지 않았습니다. 그런데 창세기 1장 28절을 읽으면서 하나님의 마음을 깨달았습니다. 창세기 1장에는 우리 인간을 대하시는 하나님의 마음이 드러나 있습니다.

"하나님이 그들에게 복을 주시며 하나님이 그들에게 이르시되 생육하고 번성하여 땅에 충만하라, 땅을 정복하라, 바다의 물고기와 하늘의 새와 땅에 움직이는 모든 생물을 다스리라 하시니라."

원래 바다의 물고기와 하늘의 새와 땅에 움직이는 모든 생물과 온갖 채소는 여호와 하나님이 다스리셨습니다. 그런데 하나님이 세상을 직접 다스리실 수 있는 통치권을 인간에게 넘겨주셨습니다. 이것은 인간과 함께 세상을 다스려 나가시겠다는 하나님의 결심입니다. 다시 말해, 아담과 하와가 범죄하기 전에 하나님은 인간을 당신의 동역자로 초청하셨던 것입니다.

우리는 우리 자신을 보면서 "하나님, 저는 못해요. 저같이 약하고 허물 많은 사람이 어떻게 그런 일을 할 수 있겠습니까?" 하며 뒤로 물러납니다. 예수님을 믿기 전이라면 겸손한 태도라고 할 수 있겠으나 예수님을 믿고 나서도 이렇게 이야기하는 것은 하나님이 우리를 창조하신 섭리를 거스르는 마음을 내비친 것입니다. 겸손을 가장한 교만 죄와 태만 죄를 저지르는 것입니다.

구원은 새로운 창조의 시작입니다. 우리가 구속받은 것은 하나님이 우리를 창세기 1장 28절의 세계로 새롭게 초청해 들이신 것입니다. 앞서 말했듯이 하나님은 우리를 처음 만드셨을 때 동역자로 세우셨습니다. 이는 엄청난 일입니다. 하나님과 우리 인간 사이에는 무엇으로도 매울 수 없는 엄청난 간극이 있습니다. 창조자와 피조물의 간극입니다. 흔히 이런 차이를 일컬어 하늘과 땅 차이라고들 말합니다만 이 말도 적절한 표현이 아닙니다. 왜냐하면 하늘도 땅도 하나님 앞에서는 동일한 피조물이기 때문입니다. 창조주 하나님 앞에 우리는 진흙이요, 먼지 같은 존재입니다. 그런데 그 창조주께서 우리를 티끌과 먼지로 여기지 않으시고 당신의 구원 사역을 위한 동역자로 인정하고 받아주셨습니다.

그리스도인이 되었다는 것은 부족하고 연약하지만 하나님이 당신의 구원 역사를 이루어 나가는 일에 우리를 동역자로 인정해 주셨다는 뜻입니다. 그래서 예수님은 요한복음 15장 14-15절에서 "너희는 내가 명하는 대로 행하면 곧 나의 친구라 이제부터는 너희를 종이라 하지 아니하리니 종은 주인이 하는 것을 알지 못함이라 너희를 친구라 하였노니"라고 말씀하셨습니다. 하나님은 예수 그리스도 안에서 주인과 종이라는 신분 질서를 스스로 폐하시고, 하나님 나라를 위해 우리를 동역자로 삼으셔서 당신의 일을 맡기셨습니다. 우리에게 대사명을 주셨습니다.

여기에 기도를 이해하는 비밀이 있습니다. 하나님은 혼자서도 얼마든지 일하실 수 있습니다. 돌을 통해서도 당신의 말을 하실 수 있습니다. 하지만 하나님은 절대로 혼자 일하지 않으십니다. **망극하게도 하나님은 가장 작은 일 하나라도 당신의 아들딸들과 힘을 합해 이루어 나가고 싶어 하십니다. 그래서 기도라는 우리의 동역을 기다리시는 것입니다.**

우리의 기도가 올라갈 때까지 하나님은 기다리십니다. 하나님의 일에 우리를 참여시키고자 하시기 때문입니다. 우리 기도가 올라가서 하나님이 하려고 하시는 일들이 완전히 이루어질 때까지 참으십니다. 그렇기 때문에 성도는 기도해야 합니다. 크고 작은 일에 기도해야 합니다. 이것이 기도의 진실입니다. 우리가 기도하기 시작할 때 그 기도는 하나님이 오래전부터 기다리고 계신 것이기에 반드시 응답받는다는 확신을 가질 수 있습니다.

하나님은 반드시 성도의 기도를 들으신다

"일을 행하시는 여호와, 그것을 만들며 성취하시는 여호와, 그의 이름을 여호와라 하는 이가 이와 같이 이르시도다 너는 내게 부르 짖으라 내가 네게 응답하겠고 네가 알지 못하는 크고 은밀한 일을 네게 보이리라"(렘 33:2-3).

예레미야에게 하나님은 일을 만들며 성취하시는 여호와입니다. 하나님은 부르짖으면 응답하시는 분입니다. 하나님은 내 영의 아버지이십니다. 내 머리털까지도 세시는 분이고, 나를 위해 자기 아들을 주시기까지 나를 사랑하시는 분입니다. 나보다 나를 더 사랑하시는 분입니다. 그렇다면 우리가 주님께 기도해서 응답받고자 하는 마음이 더 간절할까요, 아니면 우리의 기도에 응답해 주시고자 하는 하나님 아버지의 마음이 더욱 간절하실까요? 당연히 후자입니다. 하나님은 성도의 모든 기도를 들으시고, 반드시 응답해 주시기를 원하십니다.

제가 신학교에 다닐 때의 일입니다. 신학대학원 2학년이 되면

'설교학개론'이라는 과목을 배웁니다. 동시에 의무적으로 어느 교회에서든 교육전도사로 사역을 해야 했습니다. 목회 초년병들인 우리들은 주일 사역을 마치고 화요일에 학교에 오면 지난 주일에 있었던 일들을 무용담 늘어놓듯 뿜어내느라 이야기 잔치가 벌어지곤 했습니다.

대개 전도사들은 설교 이야기를 많이 했습니다. "설교가 완전히 엉망이었어!"라며 자기 한탄을 하기도 하고, "이렇게 준비했더니 성도들이 적극적으로 반응하더라" 등과 같은 사례 발표를 하기도 합니다. 자연스럽게 화제는 '어떻게 하면 설교를 잘할 수 있는가?'로 모아졌습니다. 그때 한 전도사님이 이렇게 말했습니다. "내가 섬기는 교회 담임목사님 말씀이, 설교를 잘하려면 신학도 중요하고 다른 것도 중요하지만, 무엇보다 일단 설교를 많이 해야 한다고 하셨어." 설교를 많이 해야 짧은 시간에도 말씀을 깊이 있게 묵상할 수 있는 영적 힘이 생기고, 전달하는 기술도 늘기에 설교를 잘할 수 있게 된다는 것이었습니다.

그 이야기를 듣는 순간 저는 가슴이 철렁 내려앉았습니다. 당시 저는 소도시에 있는 한 교회의 중고등부 전도사로 섬기고 있었습니다. 문제는 40여 명 남짓한 중고등부에 중등부와 고등부를 섬기는 전도사가 따로 있었다는 점입니다. 게다가 행정전도사라는 희한한 제도가 있어서 중고등부 목회자가 세 명이나 되었습니다. 전도사 셋이 돌아가면서 설교를 하니 당연히 설교할 기회가 적었습니다. '아이고, 목회 초년병부터 말씀을 전할 기회가 이렇게 없으니 좋은 설교자가 되기는 틀렸구나'라는 생각이 들었습니다. 그때부터 기도하기 시작했습니다. "하나님! 설교 좀 많이 하게 해 주십시오!" 하고 말입니다. 그리고 언제부터인가 그 기도를 잊어버렸습니다.

그리고 1년 후, 담임목사님이 새롭게 교회를 하나 개척하면서 목회 초년병인 제가 그 자리에 뛰어들게 되었습니다. 개척을 하니 새벽 예배 설교부터 수요 예배, 금요 예배, 청년부 예배까지 모두 제 몫이 되었습니다. 담임목사님이 외국에라도 나가시면 주일 예배까지 제가 설교를 해야 했습니다. 뿐만 아니라 심방 설교도 해야 했으니, 정말 정신이 없었습니다. 언젠가는 한 주에 설교를 16-17번 한 적도 있었습니다.

어느 날 새벽 예배를 드리러 나가면서 하늘을 보며 기도했습니다. "하나님! 능력도 없는 사람에게 왜 이렇게 설교를 많이 시키십니까?" 그런데 그 순간 머리속에 섬광처럼 생각이 하나 스쳐 지나갔습니다. 설교 많이 하게 해 달라고 기도했던 기억 말입니다. 주님이 "네가 그렇게 기도했잖느냐?"라고 말씀하시는 것 같았습니다. 할 말이 없었습니다. '아! 하나님이 내 기도에 응답하셔서 지금 이렇게 설교를 많이 하게 된 것이구나!' 우스갯소리 같습니다만, 진리가 들어있다고 봅니다. 진심으로 드리는 기도는 하나님이 반드시 들으십니다. 그리고 어떤 식으로든 응답하십니다.

기도 응답을 받지 못하는 이유

그런데 솔직히 말해서 우리가 기도했는데도 응답받지 못하는 경우가 있지 않습니까? 하나님은 구하면 받고 찾으면 찾아내고 두드리면 열릴 것(마 7:7-8)이라고 분명히 말씀하셨는데, 왜 때로는 기도 응답을 받지 못하는 것일까요? 성경은 기도 응답을 받지 못하는 이유 세 가지를 말해 줍니다.

전심으로 구하지 않기 때문이다

> "여호와의 눈은 온 땅을 두루 감찰하사 전심으로 자기에게 향하는 자들을 위하여 능력을 베푸시나니"(대하 16:9).

성경은 하나님의 눈이 온 땅을 두루 살피시고 전심으로 자기를 찾는 자에게 하나님의 능력을 베푸신다고 말합니다. 우리가 기도를 통해서 하나님의 능력을 받지 못하는 이유가 무엇입니까? 하나님은 당신의 구원 역사에 우리를 동역자로 초청하셨는데, 우리가 하나님을 전심으로 찾지 않기 때문입니다.

야고보서 1장 6-8절은 이 부분에 대해서 좀 더 분명하게 이야기합니다. 복음서에서 예수님은 필요한 것이 있으면 구하라고 명령하셨습니다. 예수님의 이 명령과 야고보서 사이에는 60년 정도 간격이 있습니다. 예수님은 복음을 전하셨고 그 복음에 기초해 교회가 세워졌습니다. 교회 안에 신앙 경험이 축적되어 간 것입니다. 그런데 저자 야고보가 예수님 승천 이후 60여 년간 신앙경험을 쌓은 성도들의 삶을 들여다 봤더니, 구해도 받지 못하는 경우가 분명히 있었습니다. 그래서 야고보서의 많은 부분에 기도에 대한 하나님의 말씀이 기록되어 있는 것입니다. 즉 야고보서 1장 6-8절은 "구하라 그러면 너희에게 주실 것이요"(눅 11:9)라는 예수님의 말씀과, 실제로 구했지만 얻지 못한 우리 삶 사이의 간격이 존재하는 이유를 가르쳐 주고 있습니다.

> "오직 믿음으로 구하고 조금도 의심하지 말라 의심하는 자는 마치 바람에 밀려 요동하는 바다 물결 같으니 이런 사람은 무엇이든지 주께 얻기를 생각하지 말라 두 마음을 품어 모든 일에 정함이 없는 자로다."

우리가 구하는데도 얻지 못하는 이유는 믿음으로 구하지 않고 의심하면서 구하기 때문입니다. 진심으로 구하는 대신에 '이 기도를 하나님이 정말 들어주실까?'라는 의심 섞인 태도로 구하는 것이 문제라는 것입니다. 이런 사람은 주께 얻기를 생각하지 말라고 말씀합니다. 8절 말씀처럼 두 마음을 품어 모든 일에 정함이 없기 때문입니다. 쉽게 말하면 기도가 이미 쪼개져 있다는 것입니다. 한편에 하나님을 향하는 신실한 믿음이 있는가 하면, 또 다른 한편에 '과연 이루어질까?'라는 의심하는 마음이 있기 때문에, 그런 쪼개진 기도는 하나님의 마음에 도달할 능력이 없는 것입니다.

기도의 자리로 나아갈 때는 "이 기도는 하나님이 반드시 응답해 주실 줄 믿습니다!" 하며 의심 없이, 전심으로 하나님께 구해야 합니다. **하나님의 보좌를 움직이겠다는 옹골찬 믿음을 실어 전심으로 기도할 때 그 기도가 응답받는 것입니다.**

응답받을 때까지 구하지 않기 때문이다

요한계시록 5장 8절은 요한이 밧모 섬에서 마지막 때에 하늘에서 일어날 일을 계시로 본 내용입니다. 여기에 기도에 대한 이야기가 나옵니다.

> "그 두루마리를 취하시매 네 생물과 이십사 장로들이 그 어린양 앞에 엎드려 각각 거문고와 향이 가득한 금 대접을 가졌으니 이 향은 성도의 기도들이라."

우리의 기도는 향기입니다. 우리가 기도하는 곳이 골방이든 교회든 길이든 직장이든 부엌이든, 장소와 상관없이 우리의 기도는 향기가 되어서 하늘로 올라갑니다.

"또 다른 천사가 와서 제단 곁에 서서 금 향로를 가지고 많은 향을 받았으니 이는 모든 성도의 기도와 합하여 보좌 앞 금 제단에 드리고자 함이라 향연이 성도의 기도와 함께 천사의 손으로부터 하나님 앞으로 올라가는지라"(계 8:3-4).

우리가 기도하면 그 기도가 향기가 되어 천사들이 가지고 있는 금 대접에 쌓입니다. 금 대접에 기도가 차곡차곡 쌓이다가 꽉 차면 천사들이 금 대접을 하나님께 가지고 가서 말합니다. "하나님, 이제 기도의 대접에 향기가 다 찼습니다." 그러면 하나님이 그 기도의 대접을 하늘에서 땅으로 확 부으시는 것입니다.

"천사가 향로를 가지고 제단의 불을 담아다가 땅에 쏟으매 우레와 음성과 번개와 지진이 나더라"(계 8:5).

우리가 드린 기도가 향기가 되어 올라가고 그 기도의 향기를 땅으로 다시 쏟으니 응답이 우레와 음성과 번개와 지진으로 우리에게 떨어지는 것입니다. 이것이 기도 응답의 구조입니다.

기도는 이루어질 때까지 해야 합니다. 왜 기도 응답을 받지 못합니까? 금 대접에 향기가 찰 때까지 기도하지 않기 때문입니다. 기도하다가 이루어지지 않으면 다른 기도를 하고, 또 이루어지지 않으면 또 다른 기도로 옮겨 가는 식의 기도는 응답받을 수 없습니다. 이런 식의 기도 패턴으로는 하나님이 우리를 얼마나 사랑하시고 어떻게 인도하시는지, 하나님의 신실하신 걸음을 체험할 수 없습니다. 자연히 신앙의 능력도 없어집니다.

저는 신학교에 들어가자마자 유학하고 싶다는 소망을 갖게 되었습니다. 이를 위해 8년 동안 기도했습니다. 저는 유학에 대한 기도는 1년이면 끝날 줄 알았습니다. 대접으로 치면 크기가 찻잔인 줄 알았습니다. 제가 하늘의 문을 열어 보지 않았으니 그 대접의 크기가 얼마나 되는지 알지 못했던 것입니다. 그런데 나중에 지나고 보니 유학을 위한 기도는 항아리였던 것 같습니다.

특정한 기도 제목의 분량이 차기까지 기도로 채우는 시간이 얼마가 걸릴지 우리는 알지 못합니다. 따라서 일단 어떤 기도 제목이 하나님의 일에 대단히 중요하다고 여겨지면 응답될 때까지 기도의 항아리에 기도를 채우고 또 채워야 합니다. 한 달 안에 응답받는 기도가 있는가 하면 1년짜리 기도도 있고, 8년을 공들여 기도하는 동안 하나님이 길을 준비하시는 기도도 있습니다. 또한 자녀를 위한 기도처럼 평생을 해야 하는 기도도 있습니다.

우리는 이 기도 저 기도 기웃거리다가 결국 '하나님이 내 기도에는 응답하지 않으시나 보다' 하고 결론짓고는 신앙에 의심을 갖곤 합니다. 자연히 달려가는 푯대를 향한 확신이 약해지고 하나님을 신뢰하는 마음이 약해집니다. 하나님이 신실하지 않으신 것이 아니요, 기도자 자신이 신실하지 못한 것입니다.

성숙한 성도라면 기도할 때 자신이 기도하는 내용을 분명히 숙지하고 있어야 합니다. 이를 위해 기도 노트를 만들기를 권면합니다. 기도 제목을 적어 놓고 기도하십시오. 그리고 기도가 응답되었을 때는 동그라미를 하십시오. 1년이 지나서 기도 노트를 보면 한 해 동안 하나님이 내게 어떻게 응답하셨는지 확인하면서 놀라운 경험을 하게 될 것입니다. 이러한 기도 응답의 경험은 신앙생활을 아주 구체적으로 피부에 와 닿게 만들어 줍니다. 하나님이 나를 얼마나 섬세하게 사랑하시는지 체험하면서 그분을 더욱 신뢰하게 해 줍니다.

그러면 우리의 기도가 응답되었는지 안 되었는지 어떻게 알 수 있습니까? 어떤 경우에는 기도 제목이 현실 가운데 변화로 이어져 응답을 확인할 수도 있지만, 그렇지 않을지라도 진심으로 기도하다 보면 마음속에 느껴집니다. 하나님이 '네 기도는 다 찼으니까 다른 기도를 해도 되겠다. 때가 되면 내가 그 기도 제목에 응답해 줄게' 하시면서 마음속에 평안과 확신을 주십니다. 그러면 "이제 그 기도는 하나님이 이루어 주시는 것으로 믿고 저는 편안히 기다리겠습니다. 그리고 다른 기도로 넘어가겠습니다"라고 기도하면 됩니다.

이런 경험이 한두 차례 쌓이면 하나님과의 관계 속에 깊은 신뢰의 끈이 형성됩니다. 이처럼 한번 하기 시작한 기도는 마음에 확신이 올 때까지 끝까지 해야 합니다.

정욕에 쓰려고 잘못 구하기 때문이다

기도 응답을 받지 못하는 세 번째 이유는 인간적 욕심에 따라 구하기 때문입니다. 야고보서 4장 3절은 "구하여도 받지 못함은 정욕으로 쓰려고 잘못 구하기 때문이라"라고 말합니다.

신앙의 초보 단계에는 하나님이 당신이 살아 계신 것을 알게 하시려고 성도가 필요로 하는 것들을 즉각 채워 주십니다. 그러다가 신앙이 조금씩 초보 단계를 벗어나면 구해도 주시지 않는 경우가 종종 있습니다. 그 이유는 우리가 구하는 것 중에 하나님이 보시기에 좋지 않은 것이 있기 때문입니다.

아이를 키워 본 부모님들이라면 잘 알 것입니다. 우리가 아이를 키우는 것과 하나님이 우리를 이끄시고 성숙시키시는 과정은 똑같습니다. 아이가 어렸을 때는 부모가 작은 부분에서 큰 부분까지 일일이 아이를 섬깁니다. 그렇지만 아이에게 조금씩 이성이 생기고, 어느 정도 판단할 수 있는 나이가 되면 아이가 구한다고 해서 다 주지 않습니다. 조금씩 규칙을 가르치고, 떼쓰는 것은 일부러 들어주지 않습니다. 때로는 인내심을 길러 주기 위해 당장 주고 싶은 마음을 참기도 합니다. 아이는 달라고 조르지만 부모는 '지금 주면 오히려 손해가 되겠다' 싶은 경우에는 가장 적절한 때가 올 때까지 기다립니다. 그것이 하나님이 우리를 사랑하시는 방법입니다.

한편, 기도의 말은 거룩한데 속마음을 들여다보면 자신의 욕심을 채우려는 의도가 있을 수 있습니다. 성도는 이를 조심해야 합니다. "하나님, 이 사업을 통해서 하나님께 영광 돌리기를 원합니다. 제가 다음 달에 새로운 사업을 시작하는데 하나님, 역사해 주십시오!"라고 기도한다고 가정해 보십시오. 영적으로 깊이가 있는 성도, 즉 하나님이 인도해 가시는 경륜을 이해하는 성도는 자신이 드리는 기도가 하나님의 영광을 빙자해서 내 뜻을 이루려고 하는 것인지, 아니면 정말 사업을 통해서 하나님의 뜻을 이루려고 하는 것인지, 순전하고 깨끗한 마음으로 드리는 기도인지 영혼의 중심을 먼저 살필 줄 알아야 합니다. 사람은 스스로에게 속는 경우가 많기 때문입니다.

제가 개척 교회를 섬길 때 새벽마다 강대상에서 빼놓지 않고 드린 기도가 있습니다. 좋은 설교자가 되게 해 달라는 기도였습니다. 그런데 어느 날 기도 중에 제 마음속에서 한 음성이 들려왔습니다. "너는 왜 그토록 좋은 설교자가 되려고 하느냐?" 저는 그 음성을 듣는 순간 한 방 맞은 것 같았습니다. 제 심중을 꿰뚫은 질문이었기 때문입니다.

기도를 중지하고 곰곰이 생각해 보았습니다. '내가 왜 좋은 설교자가 되게 해 달라고 기도했을까?' 그러면서 저 자신을 살펴보았습니다. 예배가 끝나고 성도들과 인사를 할 때 성도들의 낯빛과 입술을 살피면서 제가 듣고 싶어 하는 말이 있었습니다. "전도사님! 오늘 말씀 정말 감사합니다. 은혜 많이 받았습니다"라는 말이었습니다. 하나님의 영광을 위해 설교를 사용해 달라고, 그래서 좋은 설교자가 되게 해 달라고 기도했지만 마음의 중심은 사람의 칭찬과 이목에 갇혀 있었다는 것을 하나님이 깨닫게 해 주신 것입니다. 소위 주님의 영광을 핑계 삼아 아직 정리되지 못한 내면의 죄의 욕구들을 종교적 언어 안에 끼워 넣어 하나님께 기도로 올려 드렸던 것입니다. 우리가 세상 속에서 예수님을 믿는다고 하면서 흔히 범하는 실수입니다. 하나님의 영광을 이루기 위해서라고 하면서 주님께 당당히 요청하지만, 그 속에 내 뜻을 교묘하게 집어넣어 밧단 아람으로 가던 야곱처럼 하나님과 거래하는 경우가 많습니다. 그래서 기도자는 자신의 마음을 잘 살펴야 합니다.

이쯤 되면 질문이 하나 떠오를 것입니다. "목사님, 나도 나 자신을 잘 모르는데 이 기도가 정말 하나님의 영광을 위한 기도인지 위장된 기도인지 어떻게 분별할 수 있습니까?" 우리는 걱정할 필요가 없습니다. 하나님의 영은 진리의 영이시기 때문입니다. 우리는 연약해서 처음에는 정욕으로 하나님의 뜻과 내 뜻이 섞여 있는 줄도 모르고 마구 쏟아낼 수 있습니다. 그러나 진심으로 구하면 기도가 점점 깊어지면서 하나님이 내 마음에 일어나는 것을 알게 해 주십니다.

기도의 본질은 기도자 자신의 변화다

지금까지 살펴본 내용에 따르면, 기도의 핵심은 하나님으로부터 자신이 원하는 것을 얻어 내는 것이 아닙니다. 기도의 핵심은 기도를 통해 성도가 하나님의 마음을 더욱 깊이 알게 되고, 이로 인해 그 영혼이 성화되어 주님의 일을 할 수 있는 사람으로 준비되어 나가는 것입니다. 즉 **기도의 핵심은 무엇을 얻고자 함이 아니라 그 일을 이룰 수 있는 사람으로 자라나는 데 있습니다.**

저는 설교를 위해 순전하고 깨끗한 동기로 기도하기까지 굉장히 긴 시간의 터널을 지나야 했습니다. 하지만 감사하게도 기도의 동기가 교정되는 과정 속에서 하나님 앞으로 한 발자국 더 가까이 다가갈 수 있었습니다. 기도를 통해 주님의 마음을 더욱 헤아리게 되었고, 이로 인해 저 자신이 자라난 것입니다. 주님이 모든 것을 그냥 주실 수 있음에도 불구하고 우리가 기도하기 원하시는 가장 궁극적인 이유는 바로 이 '자라남' 때문일 것입니다.

전심으로 구하고, 응답될 때까지 두드리며, 하나님 나라와 영광을 위해 부르짖음으로 크고 작은 기도에 응답받아 하나님의 자녀로 살아가는 부요함과 감격을 날마다 누리고 사는 우리 모두가 되기를 바랍니다.

04

임마누엘의 확신

생각하며 읽기

1. 하나님의 부재가 느껴질 때 우리는 어떻게 해야 합니까?
2. 임마누엘은 세상으로 보내지는 성도의 가장 강력한 무기임을 압니다.

성도가 구속의 확신을 갖고, 하나님이 크고 작은 기도를 들으실 것을 믿으며, 하나님의 뜻대로 살아 승리하기 위해서 반드시 가져야 하는 또 하나의 확신이 있습니다. 그것은 바로 '임마누엘의 확신'입니다. 즉 하나님이 우리와 함께하신다는 확신입니다.

"보라 처녀가 잉태하여 아들을 낳을 것이요 그의 이름은 임마누엘이라 하리라 하셨으니 이를 번역한즉 하나님이 우리와 함께 계시다 함이라"(마 1:23).

여기서 '임마누엘'의 의미를 잠시 생각해 보겠습니다. 히브리어로 '임마'(Imma)는 '함께'(with), '누'(nu)는 '우리'(us), '엘'(El)은 '하나님'이라는 뜻입니다. 그러므로 '임마누엘'은 'with us is God', 즉 '하나님이 우리와 함께하신다'라는 뜻입니다. 영성의 세계에서는 하나님이 살아 계시고, 하나님이 나를 사랑하시며, 하나님의 영이 항상 내 삶 속에서 강력하게 역사하고 계신다는 세 가지 사실에 대한 믿음이 있을 때 깊은 영성의 터가 잡힌다고 말합니다.

그렇다면 그리스도인에게 왜 임마누엘의 확신이 필요한 것일까요?

하나님 부재의 경험

정확한 원인은 알 수 없지만 가슴이 뻥 뚫린 것처럼 허전한 느낌이 우리를 사로잡을 때가 있습니다. 하나님이 나를 떠나셨기 때문일까요? 아닙니다. 우리 마음속을 깊이 들여다보면 하나님이 나를 떠나신 것이 아니라, 내가 하나님을 잠시 옆으로 밀쳐놓고 그분과 교제하려 하지 않았기 때문임을 알 수 있습니다. 그런

면에서 성도들이 임마누엘의 확신을 갖는 것은 대단히 중요합니다. 하나님은 당신의 자녀를 한번 택하신 이후에는 절대로 버리지 않으십니다. 그래서 우리가 하나님을 '신실하신 분'이라고 고백하는 것입니다.

또 어떤 경우에는 내가 하나님을 밀쳐 낸 것이 아닌데도 하나님의 부재를 심각하게 경험하기도 합니다. 사실 우리가 예수님을 믿고 신앙생활을 하다 보면 늘 성령 충만한 상태로 하나님의 손에 강하게 붙들려 살아가지는 못합니다. 신앙생활에는 항상 굴곡이 있기 마련입니다. 산이 높을수록 골짜기가 깊듯이, 은혜를 깊이 체험하고 나면 그다음에는 심연을 알 수 없는 허전함이 찾아오기도 합니다. 이것은 우리의 신앙이 약해서가 아니라 우리가 인간으로서 갖는 한계가 있기 때문입니다. 깨어지기 쉽고 망가지기 쉬운 것이 인간입니다.

창세기 14장에는 아브람이 전쟁에 포로로 잡혀간 조카 롯을 구하기 위해 평소 집에서 기르고 훈련한 318명의 용사들을 데리고 적병을 쫓아가는 장면이 나옵니다. 사람이 참 이상합니다. 애굽에서는 자기 목숨을 구하려고 치사하게 아내를 여동생이라고 속였던 사람이 어디서 그런 용기가 났는지, 아브람은 적병을 물리치고 조카를 구해 왔습니다. 그 후 하나님이 아브라함에게 말씀하셨습니다.

"아브람아 두려워하지 말라 나는 네 방패요 너의 지극히 큰 상급 이니라"(창 15:1).

아마도 아브람이 자신의 생명을 걸어야 하는 큰 전쟁을 치른 후 영적 공허감을 느끼게 된 것 같습니다. 공허감이 찾아오면 연이어 마음의 빈자리를 채우기 위해 다른 감정이 함께 밀려옵니다. 바로 두려움입니다. 아브람의 마음속에는 '아직 새파랗게 젊은 조카가 어느 날 갑자기 전쟁에 포로로 잡혀갔는데, 나 또한 이 낯선 땅에서 언제 그런 일을 당할지 어떻게 알겠어?'라는 실체도 끝도 없는 두려움이 밀려온 것 같습니다. 그때 참 좋으신 하나님이 아브람의 마음을 알고 찾아와 말씀하신 것입니다.

아브람은 지금 특별히 하나님의 뜻을 어기거나 하나님 앞에 허물이 될 만한 잘못을 범한 것이 아닙니다. 그런데도 하나님이 자신을 떠나 버리신 것 같은 마음이 든 것입니다. 생에 대한 두려움이 하나님 임재의 확신을 무력화시킨 것입니다. 우리가 신앙생활을 하다 보면 이런 일들을 수없이 경험하게 됩니다. 특별한 이유도 없이, 죄를 지은 것 같지도 않은데 하나님이 지금 내게서 등을 돌리신 것 같고 구름 뒤에 숨어 계신 것 같습니다. 그래서 우리에게는 하나님이 우리와 함께하신다는 임마누엘의 확신이 필요합니다.

영혼의 어둔 밤

인도의 빈민가에서 평생 가난한 사람을 위해 헌신했던 테레사 수녀가 세상을 떠난 후, 그녀의 내면세계의 진실에 대한 기사가 미국 〈타임〉(The Time)지에 실려 화제가 되었습니다.

그녀의 일기와 영성 지도자들의 보고를 살펴보니, 테레사 수녀는 가난한 자들과 버림받은 자들을 섬기면서도 정작 그 자신은 오랜 기간에 걸쳐 하나님의 부재 경험과 영혼의 어둠 때문에 몸부림쳤습니다. '그토록 많은 선행을 하는 가운데 하나님과의 깊은 교제와 연합을 경험하지 못했다니 얼마나 외롭고 고통스러웠을까?' 하는 안타까움과 함께, 그럼에도 불구하고 받은 사명에 충실했던 그녀의 신앙이 참으로 훌륭하다는 생각이 들었습니다.

어떤 그리스도인들은 정말 하나님이 테레사와 함께하시지 않았기 때문에 그녀가 하나님의 부재를 철저히 경험한 것이 아니냐고 의심합니다. 그러나 이는 기독교 신앙의 신비를 잘 모르는 소치입니다.

하나님은 우리의 감각과 느낌에 갇혀 계시는 분이 아닙니다. 성도가 영적으로 성장하고 성숙하는 과정에서 어느 순간 하나님은 그분이 잡으셨던 성도의 손을 놓아 버리십니다. 그리고 당분간 그를 광야에 홀로 두십니다. 이것을 일컬어 '영혼의 어둔 밤'이라고 합니다. 이는 결코 죄로 인한 것이 아닙니다.

이 순간은 '감각의 어둔 밤'입니다. 인간의 그 어떤 감각, 느낌,

감정으로도 하나님이 나와 함께하신다는 흔적을 찾을 수 없습니다. 그때 성도는 하나님이 자신을 떠나 버리신 것 같은 느낌을 받습니다.

이때는 어떻게 해야 할까요? 그럼에도 불구하고 하나님이 지금 나와 함께하신다는 영적 확신을 붙잡아야 합니다. 이제는 감각과 느낌에 의존할 수 없습니다. 기억의 창고에서 하나님이 함께하셨던 흔적을 끌어내 자신의 '의지'를 강화시켜 주님을 계속 신뢰해야 합니다. 지금 당장은 하나님의 임재가 손에 잡히는 것처럼 생생하게 느껴지지 않지만 하나님이 나와 함께하신다는 믿음을 의지로 붙잡아야 합니다.

감정에 의지해 주를 믿지 말라

왜 하나님은 어느 순간 이처럼 우리의 손을 놓으실까요? **감각과 느낌에 의지하지 않고도 하나님을 향하는 법을 훈련시키시기 위해서입니다.** 구원이 우리의 느낌이나 감정과 무관하듯이, 하나님의 일을 우리의 감정의 고양 정도에 맡겨 두지 않으시기 위해서입니다.

예수님도 십자가 위에서 영혼의 어둔 밤을 철저히 경험하셨습니다. 그분도 어느 순간 육체의 고통이 극에 달하셨던지 "하나님,

나의 하나님, 왜 나를 버리셨나이까?"라고 탄식하셨습니다. 만일 하나님 임재를 경험하지 않아도 하나님을 신뢰하는 법을 예수님이 배우시지 않았다면, 아마도 그분은 십자가 고통을 견디지 못하고 내려오셨을 것입니다. 그리고 거기서 하나님의 일은 정지되었을 것입니다.

예수님은 하나님의 일을 자신의 육체적 상태, 감정의 고양감, 영적 충만함에 맡겨 두시지 않았습니다. 다만 하나님 한 분을 절대 신뢰하셨습니다. '비록 지금 하나님을 느낄 수 없을지라도 그분은 나와 함께하신다'라는 신앙이 우리 구주 예수님으로 하여금 십자가의 고통을 끝까지 감내하며 당신의 사역을 완성하시도록 했습니다.

하나님의 약속, "내가 너와 함께한다!"

하나님은 당신이 택하신 사람에게 당신의 일을 맡기실 때 한 가지 능력을 주십니다. 사명자의 손에 날이 선 칼이나 훌륭한 참모나 넉넉한 돈을 주시는 것이 아닙니다. 단 한 가지를 약속하십니다. "내가 너와 함께하리라!"

출애굽기 3장에서 모세는 하나님께 여쭈었습니다. "하나님, 제가 누구이기에 바로에게 갑니까? 제가 무슨 힘이 있어 바로와

싸웁니까?" 이때 하나님은 "내가 반드시 너와 함께 있으리라"(출 3:12)라고 말씀하셨습니다. 하나님은 모세의 제자 여호수아를 백성의 지도자로 보내실 때도 이렇게 말씀하셨습니다.

> "네 평생에 너를 능히 대적할 자가 없으리니 내가 모세와 함께 있
> 었던 것같이 너와 함께 있을 것임이니라"(수 1:5).

사무엘, 이사야, 예레미야 등 모든 선지자를 보내실 때에도 하나님은 항상 동일하게 말씀하셨습니다. "내가 너와 함께하리라!" 임마누엘은 하나님의 일을 하는 사람에게 주시는 가장 강력한 무기입니다.

예수 그리스도, 함께하시는 하나님의 표징

지금 처해 있는 형편과 상황이 생각처럼 풀리지 않고, 삶에 고난과 역경이 짙게 드리워져 있다 할지라도 성도는 하나님이 나와 함께하신다는 사실을 절대 잊어서는 안 됩니다. 하나님이 함께하시는 우리에게는 무서워하거나 두려워할 것이 없습니다. 그래서 시편 기자는 "여호와는 나의 빛이요 나의 구원이시니 내가 누구를 두려워하리요"(시 27:1)라고 노래했습니다.

마태복음은 임마누엘의 확신에서 시작해서(마 1:23) 임마누엘의 확신으로 끝을 맺습니다(마 28:20). 그리스도께서 이 땅에 오신이유 중 가장 중요한 하나는 우리가 고아처럼 버려진 자들이 아니요, 우리가 세상 속에서 두려움에 떨며 살아갈 때에도 하나님은 우리와 함께하신다는 것을 보여 주시기 위함입니다.

하나님은 보이지 않습니다. 그래서 우리는 하나님을 만났다거나 하나님을 보았다고 함부로 이야기할 수 없습니다. 그렇지만 우리가 확신 가운데 하나님을 만났다고 말할 수 있는 이유는 하나님이 예수 그리스도를 통해서 우리에게 당신의 낯빛을 보여 주셨기 때문입니다. 그리고 성령을 통해서 우리와 영원히 함께하신다고 약속하셨기 때문입니다.

그러므로 성도는 절대 자기 자신을 보면서 낙심해서는 안 됩니다. 영혼의 어둔 밤을 경험할 때에도 자신의 느낌과 감각에 신앙을 맡겨 두면 안 됩니다. 앞길이 막히고 주변의 여건이 꼬인다고 해서 좌절하면 안 됩니다. **그리스도인에게 절망은 죄입니다. 절망하는 것은 그 순간 하나님이 없다고 생각하는 것이기 때문입니다.**

하나님이 오늘도 나와 함께하신다는 것을 믿는다면, 즉 임마누엘의 확신을 붙든다면 절망의 끝자락에서도 다시 일어설 수 있습니다. 그것이 바로 건강한 그리스도인의 태도입니다. 하나님이 나와 함께하신다는 의미가 무엇입니까? 이제 나 자신을 바라보지 않고 나를 사랑하셔서 자신의 아들을 통째로 내어 주신 전능자 하나님을 바라보며 산다는 고백입니다. 임마누엘의 확신을 갖고 나 자신의 한계를 극복하며 이 험한 세상을 믿음으로 승리하는 우리가 되기를 바랍니다.

05

천국 소망의 확신,
부활의 확신

생각하며 읽기

1. 부활의 역사성에 대해 배워 봅시다.
2. 부활의 소망이 우리에게 주는 유익은 무엇입니까?

저는 신학을 하기 전에 사회학을 공부했습니다. 사회학 안에는
조직사회학이라는 분야가 있습니다. 단체나 그룹의 목적을 달성
하기 위해 조직의 규범, 가치 체계 혹은 비전을 어떤 식으로 설정
해야 하는가와 더불어 조직의 생리, 기능, 목표 등을 다루는 학문
입니다.

20대 중반에 예수님을 만난 후 복음서와 사도행전을 연결해서

읽어 가다가, 조직사회학적인 안목에 입각해 볼 때, 누가복음과 사도행전 사이에는 굉장히 큰 논리적 간극이 존재한다는 것을 알게 되었습니다. 조직사회학의 원리에 따르면, 부활이 없다면 복음서와 사도행전은 논리적으로 연결되지 않는다는 것이었습니다.

부활은 역사적 사실이다

부활을 신앙으로 믿습니까, 아니면 역사적인 사실로 받아들입니까? 부활은 신앙 즉 믿음이 아니라 역사적인 사실입니다.

예수님이 부활하셨다는 사실을 배제하고 예수님을 한 사람의 인간, 다시 말해 공자 같은 현자로 가정해 봅시다. 한 사람의 탁월한 스승이 있었습니다. 엄청난 카리스마를 가지고 있었기 때문에 수많은 사람들이 그의 가르침과 행동에 관심을 갖고 따랐습니다. 그러다가 점점 그에게 빠져들게 되었고 그를 왕으로 삼으려고 했습니다. 그는 유대 사회 전체의 슈퍼스타가 되었습니다. 그에게는 열두 명의 제자들이 있었는데 그들은 스승의 카리스마와 탁월한 능력에 매료되어 자신의 모든 것을 던지고 그를 따랐습니다.

그런데 어느 날이었습니다. 스승은 이때까지 행했던 모든 능력과 카리스마가 마치 사기인 양 무력하게 로마 병정에게 붙잡혀 십자가에 못 박혀 죽고 말았습니다. 그렇게 그의 인생은 끝을 맺었습니다. 그러자 스승을 따랐던 열두 명의 제자들 중 그를 배반한 제자 하나는 목매달아 죽었고, 나머지 열한 명은 뿔뿔이 흩어져 고기를 잡으러 혹은 농사를 지으러 원래 살던 곳으로 가 버렸습니다.

그런데 여기서부터가 중요합니다. 사도행전 1-2장을 보면 뿔뿔이 흩어졌던 제자들이 예루살렘에 모여들더니 십자가에 매달려 죽은 스승을 목숨을 걸고 전하는 사건이 나옵니다. 이것이 어떻게 가능했을까요?

만약 제자들이 스승에게 배운 식견과 사상으로 무장한 엘리트 지식인들이었다면 가능할 수도 있습니다. 사상의 힘은 얼마든지 죽음의 위협을 뛰어넘어 그들을 예루살렘 한복판에 세울 수 있었을 것입니다. 조직사회학에서는 세대를 이어 조직의 정체성을 세워 가기 위해서는 조직원 한 사람 한 사람을 조직의 정체성이 담긴 사상으로 무장시켜야 한다고 가르칩니다. 사상으로 무장된 사람은 사상 자체를 위해서 자기 자신을 걸 수 있기 때문입니다.

그런데 예수님의 제자들을 보십시오. 그들은 사상으로 무장된 사람들이 아니었습니다. 그야말로 평범한 사람들이었습니다. 그렇기에 스승이 죽자 모든 희망이 사라졌다고 생각해 도망간 것입니다. 이렇게 무기력한 제자들이 갑자기 장면이 바뀌어 죽은 스승을 목숨을 걸고 전한다는 것이 가능한 일입니까? 논리적으로 설명이 안 됩니다. 뿔뿔이 흩어져서 본래 삶의 현장으로 돌아가 고개를 떨군 채 남은 인생을 체념 속에서 살아가려고 했던 그들에게 무엇인가 강력한 충격이 가해져서, 그들을 절망에서 이끌어내 예루살렘 한복판에 세우는 불가항력적인 힘이 개입되지 않았다면 누가복음의 마지막 장과 사도행전의 앞 장은 절대로 연결이 되지 않습니다.

과연 제자들을 예루살렘 한복판에 세웠던 그 힘은 무엇일까요? **그것은 바로 죽은 줄 알았던 스승 예수님이 살아났다는 사실이었습니다. 부활입니다!**

저는 이 사실을 추적해 보면서 부활은 신앙이 아니라 역사적 사실이요, 부정할 수 없는 과학적 사실임을 깨닫게 되었습니다. 사실을 바탕으로 하지 않은 신앙을 '맹목'이라고 합니다. 우리의 모든 신앙은 사실에 기반을 둔 것이어야 하고, 실제로 사실에 기반하고 있습니다. 이 부분에서 그리스도인들은 분명히 말할 수 있어야 합니다.

우리가 왜 천국 소망을 가질 수 있습니까? 두 번째 아담 되신 예수 그리스도께서 죄와 죽음과 원수의 권세를 깨어 부수시고 실제로 역사 한복판에서 부활하셨기 때문입니다. 그렇기에 그분의 능력을 힘입은 모든 성도는 죽음으로 끝이 아니라, 죽음 이후 부활의 영광이 기다리고 있습니다.

육체의 부활을 믿으라

부활의 때에는 우리 영만 부활하는 것이 아니요, 육체도 함께 부활합니다. '몸은 땅에 묻혀 썩어 가는데 어떻게 몸도 부활할 수 있는가?'라는 의문이 들 것입니다. 이는 우리가 시간 안에 갇혀 우리의 몸을 보기 때문입니다. 우리는 공간과 마찬가지로 시간 또한 하나님이 만드신 피조물이라는 사실을 기억해야 합니다. 우리는 죽는 순간 시간으로부터 벗어납니다. 그렇기 때문에 시간 밖에서 일어나는 일은 시간의 영향을 받던 우리의 지식과 상상을 뛰어넘습니다. 바울은 이렇게 말했습니다.

> "만일 땅에 있는 우리의 장막 집이 무너지면 하나님께서 지으신 집 곧 손으로 지은 것이 아니요 하늘에 있는 영원한 집이 우리에게 있는 줄 아느니라"(고후 5:1).

죽음으로 인해 눈에 보이는 육체의 장막 집이 무너지는 것 같지만, 죽음과 함께 손으로 지은 것이 아닌 하나님이 지으신 영원한 집이 우리를 기다리고 있습니다. 예수님께서 육체로 부활하셨듯이 그분의 뒤를 이은 성도의 몸도 시간을 벗어난 세계에서 부활합니다. 그리스도인은 영과 육과 혼이 모두 부활합니다.

여기에 복음이 있습니다. 전에 장애를 가진 성도들 앞에서 이 진리를 전했던 적이 있습니다. "여러분, 우리 육체도 부활해 우리가 원하는 우리 자신의 모습대로 하나님 앞에 가장 온전하게 서게 됩니다!" 저는 이 말에 그들의 얼굴빛이 달라지는 것을 보았습니다. 그들은 영의 부활만 믿었던 것입니다. 자기의 약점 있는 육체 때문에 고통스럽고 힘들며 따돌림을 당하고 외로운데, 죽은 후에도 지금과 똑같이 약점을 가진 채 부활하거나, 아니면 몸은 죽고 영만 부활한다고 생각해 한이 덜 풀렸던 것 같습니다. 그러다 보니 자신들의 온전하지 못한 몸에서 연유한 고통의 응어리를 치유 받을 길은 없다고 생각했던 것입니다. 그런데 죽은 후에 영뿐만 아니라 몸도 부활할 뿐더러 온전한 몸으로 부활한다는 얘기에 진정한 부활의 소망을 가지게 된 것입니다.

혹시 외모에 콤플렉스를 갖고 있는 분이 있다면 소망을 가지기 바랍니다. 우리의 삶은 길어도 80-90년이면 끝이 납니다. 우리가 죽어서 하나님 앞에 가면 우리는 이 시대 최고의 연예인보다 더 아름다운 모습으로 서게 될 것입니다. 이와 같은 천국 소망의 확신, 육체의 부활의 확신은 기독교 복음의 또 다른 핵심입니다.

부활 신앙의 중요성(불교와 기독교의 비교)

부활 신앙이 왜 중요합니까? 부활 신앙 안에는 개인과 세계를 바라보는 관점이 들어 있기 때문입니다. 또한 기독교 신앙과 다른 동양의 신비주의 종교를 구분하는 결정적 분기점이 되기 때문입니다. 기독교 신앙을 기독교 신앙 되게 하는 것이 부활 신앙입니다.

석가모니가 득도(得道)를 한 후 그 도를 전하기 위해 천하를 두루 다니게 되었습니다. 어느 날 해가 어스름하게 질 무렵 한 마을로 들어가는데, 그 마을 어귀에서 슬피 우는 한 여인을 만났습니다. 여인이 말했습니다. "저는 일찍 과부가 되어 하나밖에 없는 아들을 애지중지하며 키워 왔습니다. 그런데 그 아이가 오늘 아침에 갑작스럽게 원인도 알 수 없는 병으로 죽게 되었습니다. 부처님, 제 아들을 좀 살려 주십시오!" 그녀는 슬피 울며 부처님의 옷자락에 매달렸습니다. 석가모니는 그녀를 보며 말했습니다. "네가 지금 살고 있는 동네로 돌아가라. 그리고 각 집을 돌며 초상나지 않은 집의 보리 한 홉씩을 얻어 세 홉을 가져오면 내가 죽은 너의 아들을 살려 주겠다." 여인은 부처님의 말씀대로 자기가 살던 동네로 갔습니다.

시간이 지나 해가 지고 어둠이 밀려올 때 여인이 석가모니 앞에 왔습니다. 그리고는 무릎을 꿇고 말했습니다. "제가 이제 알았습니다. 각 집을 돌며 초상나지 않은 집을 찾아보았으나, 단 한 집도 초상을 치러 보지 않은 집이 없었습니다. 저는 제 아들의 죽음이 저 혼자만 겪는 설움이요 고통이라 생각했는데, 죽음은 저뿐만 아니라 이 세상에 호흡이 있는 모든 생명의 마지막 결론이라는 것을 알게 되었습니다. 이렇게 와서 살고, 이렇게 고통받고 신음하다가, 이렇게 죽는 것이 자연의 법칙이요, 인연의 끈이라는 것을 알게 되었습니다. 모든 사람이 당하는 고통이고 운명인데 어떻게 저 혼자만 그것을 끊을 수 있으리까?" 그러고는 마음의 평안을 얻고 돌아갔다고 합니다.

자연의 한 부분으로 매여서 살아갈 수밖에 없는 인간에게 죽음이라는 장벽을 초연하게 바라볼 수 있는 눈을 석가모니가 깨우쳐 준 것입니다.

불교의 영성은 인생에 대한 깊은 허무와 좌절의 정신을 그 바탕으로 하고 있습니다. 인간은 태어나 살다가 병들어 죽는 운명이기에 죽음에 대해서 할 수 있는 일은 아무것도 없다는 것입니다. 인간이 할 수 있는 가장 지혜로운 일은 생의 집착을 내려놓는 것입니다.

이런 불교의 정신이 지난 3,000여 년 동안 동양을 이끌어 왔습니다. 동양은 그로 인해 초월하는 깊은 영성을 소유했습니다. 역설적으로, 그로 인해 동양은 인간이 처한 모순된 현실을 바꾸고, 가족이 얽힌 운명의 사슬을 끊고 새로운 역사를 만들려고 하기보다는 이전의 잘못된 세상을 숙명처럼 받아들이는 삶을 당연시하게 되었습니다.

그런 면에서 불교의 영성은 한 많고 눈물 많은 우리 민족을 절대 구원할 수 없습니다. 야심과 물질에 대한 소유욕에 가득 차 있는 서양의 물질문명에는 불교 정신이 이야기해 줄 것이 있을지 모르지만 적어도 동양에는 그렇지 않습니다.

누가복음 7장 12절을 보면 석가모니가 여인을 만난 사건과 아주 비슷한 장면이 나옵니다. 예수님께서 제자들과 함께 나인성의 성문 가까이로 가실 때 사람들이 한 죽은 자를 메고 나왔습니다. 그는 일찍이 홀로된 과부의 하나밖에 없는 아들이었습니다. 그 성의 많은 사람들은 과부의 고통스러운 마음과 아픈 심정을 알고 있었기에 관을 메고 나오면서 함께 울고 아파했습니다.

주께서는 과부의 슬픔을 보셨습니다. 그러나 석가모니처럼 다만 불쌍히 여기시고 "울지 마라, 얘야! 너만 받는 고통이 아니란다. 우리는 다 이렇게 와서 살다가 이렇게 죽는 것이다. 그러니 너무 슬퍼하지 말아라"라고 말씀하시지 않았습니다.

"가까이 가서 그 관에 손을 대시니 멘 자들이 서는지라 예수께서 이르시되 청년아 내가 네게 말하노니 일어나라 하시매"(눅 7:14).

주님은 죽은 자를 일으켜 세우셨습니다. 예수님께서 "일어나라!" 하고 말씀하시자 죽은 자가 일어나 관을 열고 뚜벅뚜벅 걸어 나와 슬퍼하는 어머니의 품에 안겼습니다. 주님은 여인이 체념함으로 자기의 문제를 초극하게 한 것이 아니요, 여인의 고통의 근원을 실제 해결해 주셨습니다. 이처럼 **부활 신앙은 죽음의 힘을 이겨 내고 생명이 살아나는 것입니다.** 죽음의 세력을 거슬러 생명의 미래가 시작되는 것입니다.

그렇기 때문에 기독교 신앙은 절대로 한 사람의 인생을 죽음으로 몰고 가는 힘을 숙명으로 받아들여 체념하지 않습니다. 예수님은 내가 체념하려는 바로 그 순간, 우리 삶 속에 고통과 좌절과 눈물이 있는 곳에서 "죽은 자여, 일어나라!"라고 말씀하십니다. 이것이 바로 부활 신앙입니다.

예수님을 믿는 사람들은 다른 모든 것에 실패해도 부활 신앙에 실패해서는 안 됩니다. "나는 죽어 넘어진 것같이 보이고, 나인성의 과부처럼 모든 것이 끝난 것 같아 슬퍼하며 탄식하고 있을지 모르지만, 우리 주님이 오늘 나에게 찾아오셔서 내 인생의 관 뚜껑을 열고 '일어나라!' 하고 말씀하신다. 그러므로 나는 절대로 이 절망에 무릎 꿇지 않을 것이다!"라고 다짐하는 것이 부활 신앙입니다.

천국 소망은 고난을 이기는 능력이다

이처럼 천국 소망의 확신은 내가 바로 지금, 여기에서 어떻게 살아야 할지를 가르쳐 줍니다. 그리스도와 함께 받는 고난을 두려워하지 않는 것입니다. 초대교회 성도들은 예수님을 믿는 일에 목숨을 걸었습니다. 믿는 사람의 수는 적었지만 그들을 통해서 엄청난 성령의 역사가 일어났을 뿐만 아니라 믿지 않는 모든 사람이 그들의 삶을 보고 경탄하며 박수를 보냈습니다. 이런 일이 200년 가까이 이어지면서, 몇십만도 되지 않던 그리스도인들이 로마제국 전체를 근본부터 뒤집어엎은 역사가 일어났습니다.

초대교회 신앙의 이 같은 폭발력이 어디서 왔겠습니까? 바로 부활 신앙에서 온 것입니다. 그리스도께서 죽은 자 가운데 부활하셔서 하나님 나라 우편에 지금 계시듯이, 그분의 제자인 성도들의 육체도 죽음으로 끝나지 않고, 하나님 우편에서 발견되는 순간이 반드시 온다는 확신이 초대교회 성도들로 하여금 온갖 박해를 이겨 낼 수 있는 힘을 주었습니다. 만일 지금의 핍박과 박해에 무릎을 꿇는다면 자신들은 하나님 나라에 가서 고개를 들어 영광의 하나님을 뵐 낯이 없을 것이라는 종말의 신앙이 그들로 하여금 세상 황제 앞에서 당당히 고개를 들 수 있게 해 주었습니다.

원래 귀족의 신분이었지만 예수님을 믿는다는 사실이 나중에 발각된 사람들은 귀족의 신분을 빼앗기고 하루아침에 노예 신세가 되기도 했습니다. 그런데 그 와중에도 성도가 믿음을 지킨 이유는 우리의 인생이 이생에서 끝나지 않고 영원으로 이어져 있다는 믿음 때문이었습니다.

바울은 죽은 자들의 부활이 어떠한지, 예수님의 부활이 우리의 부활과 어떻게 연결되는지, 바울의 영적 폭발력이 어디서 왔는지를 고린도전서에서 이야기합니다.

> "만일 그리스도 안에서 우리가 바라는 것이 다만 이 세상의 삶뿐이면 모든 사람 가운데 우리가 더욱 불쌍한 자이리라"(고전 15:19).

우리의 삶이 지금 여기서 살다가 흙으로 돌아가는 것으로 끝이라면 세상에 우리처럼 불쌍한 사람이 없다고 말하고 있습니다. 부활이 없다면 이 세상의 목회자는 다 거짓말쟁이요, 사기꾼입니다. 교회는 인류 역사의 집단 사기극입니다. 그러나 부활은 역사적 사실이기에, 성도는 이 세상에서의 고난에 함몰되지 않습니다.

고난 없는 천국 소망의 확신을 경계하자

안타깝게도 오늘날 우리에게 천국 소망의 확신은 많이 타락된 모습으로 다가와 있습니다. 예수님을 믿으면 천국 갑니다. 그러나 우리는 예수님을 믿어 천국행 티켓을 따 놓은 것에서 더 나아가 마음에 평안도 얻고, 동시에 현실에서도 잘살기를 추구합니다.

그러나 하나님은 당신이 진지하게 쓰시려고 하는 사람일수록 이 모든 것을 다 주시지 않습니다. 오히려 천국 가서 의의 면류관을 쓰게 하기 위해서, 믿음 없는 사람이 생각할 때는 가지 않아도 될 자리로 우리를 밀어 넣으십니다.

세상에서의 한 주간도 살기 피곤하고 힘든데 주일에 교회는 왜 나옵니까? 오전에 좀 더 자고 오후에 골프 치러 다니면 더 행복할지도 모르는데, 짜증나고 힘든 예배 자리에 왜 나와 있습니까? 내 집 섬기기도 바쁜 현대사회에 하늘 아버지의 집인 교회까지 섬기는 이유가 도대체 무엇입니까? 이것이 바로 신앙의 신비입니다. 우리가 사는 이 세상이 생의 전부가 아니요, 죽어서 하나님 나라 우편에서 반드시 발견된다는 사실을 믿기 때문입니다. 그러하기에 우리는 이 세상에서 겪는 잠깐의 고생도 기꺼이 극복하고 이겨 나가는 것입니다.

독일의 신학자 본회퍼는 "부활은 고난당하는 자의 몫이다"라고 선포했습니다. 이 말은 성도는 예수님을 믿고 부활해 하늘나라에 가는 소망 속에서 지금의 고난을 기꺼이 수용한다는 의미입니다. 부활은 고난당하는 자가 받는 하나님 나라에서의 상급입니다.

오늘날 과학주의 시대에 사는 사람들에게는 결정적인 약점이 하나 있습니다. 이 세상이 삶의 전부라고 생각하는 것입니다. 그렇지 않습니다. 삶은 절대 눈에 보이는 이생으로 끝나지 않습니다. 죽음 이후에 또 다른 삶이 있습니다. 오늘날의 과학은 사후의 세계를 보지 못합니다. 그래서 과학 그 자체를 신봉하는 사람들은 물질주의에 빠지기 쉽습니다. 과학은 눈으로 보고 만지고 피부로 접촉하고 경험하는 것이 우리 세계의 전부인 것처럼 보여줍니다. 신비의 세계가 과학에서는 논의의 대상이 되지 않습니다. 그러므로 과학에 깊이 빠져 있는 세계관 속에서는 우리 자신도 모르게 천국을 기껏해야 신앙으로 받아들일 뿐, 실제 존재하는 세계로 받아들이지는 않습니다. 그러나 과학이 보지 못하는 세계가 있습니다. 영의 세계, 오감으로 만져지지 않는 통찰과 영감의 세계가 존재합니다.

그리스도인들은 과학이 보여 주는 현실 너머의 세계가 있다는 것을 확고히 믿고, 죽어서 하나님 나라에 간다는 소망 속에서 자신의 신앙을 견고히 지켜 가야 하겠습니다.

나에게 비춰 보기

1. 그리스도 안으로 들어가는 '구속'은, 내 힘으로는 어떻게 할 수 없는 내 안의 들짐승을 인정하는 것에서 시작된다고 했습니다. 내가 얼마나 연약한 사람인지, 더 나아가 의도적으로 악을 선택하는 죄의 성향이 내게 얼마나 뿌리 깊은지 경험한 적이 있다면 나누어 봅시다.

2. 우리의 영혼이 손상되고 죄의 층이 우리 영혼을 둘러싸고 있지만, 우리가 하나님 앞에 엎드릴 때 은혜의 빛이 임하며 회복이 시작됩니다. 그래서 "제게는 제 안에 있는 들짐승을 감당할 힘이 없습니다. 이제 제 삶에 들어오셔서 저의 주인이 되어 주시고 저를 이끌어 주십시오"라는 고백과 결단이 중요합니다. 나의 헝클어진 인생 속에 하나님의 은혜를 초청하는 고백의 기도문을 조용히 적어 보십시오.

3. 내게 찾아온 구속의 은혜는 나의 감정, 체험, 행위와 무관한 '객관적 사건'이며, 내가 예수님을 주님으로 고백하는 것 자체가 성령께서 내 안에 거하심의 결과라는 사실이 내게 어떤 느낌을 주는지 나누어 봅시다.

4. 내가 죄에서 해방되어 하나님의 자녀 된 것은 알겠는데, 내 삶에는 변화가 일어나지 않아 답답했던 적이 있습니까? 그 문제를 어떻게 해결해 오셨습니까?

5. 성도들이 자기 내면의 문제에 직면하지 않고 하나님과 피상적인 관계에만 머물러 있어도 괜찮다며 거짓 위로를 주는 구원관이 만연해 있습니다. 이런 구원관을 탈피하고, 주님 앞에 내어놓아 치유받아야 할 나의 영적 혈루증은 무엇입니까?

   (예: 과거에 받은 상처, 고치고 싶은 성격, 극단으로 치우치는 감정, 원활하지 못한 관계, 좋지 못한 습관 등)

6. 구원은 주님께서 우리를 치유하시며 우리의 손을 잡아 참된 자유와 해방으로 이끄시는 행복한 여정입니다. 이 여정을 시작하면서 주님께 드리고 싶은 고백은 무엇입니까?

7. 하나님께서 우리의 기도를 기다리시는 이유는 하나님이 '기도'라는 우리의 동역을 통하여 일하고 싶어 하시기 때문임을 묵상하면 어떤 느낌이 듭니까? 혹시 이런 하나님의 마음을 경험한 적이 있습니까?

8. 내가 기도할수록 기도의 동기가 교정되고 구하는 내용도 점차 달라져서, 궁극적으로는 나 자신이 변화된다는 사실을 경험한 적이 있다면 나누어 봅시다.

9. 하나님이 내 곁에 계시지 않는 것처럼 느낀 때가 있습니까? 그때 나의 감정과 느낌을 의지하지 않고, 나를 위해 독생자를 내어 주시고 나를 결코 고아처럼 버려두지 않으시는 하나님을 바라며 이겨 낸 경험이 있다면 나누어 봅시다. 혹시 지금 그런 시기를 보내고 있다면 오늘 내용을 어떻게 적용할 수 있을지 생각해 봅시다.

10. 불교에서는 죽음과 고난을 삶의 숙명으로 받아들이지만, 예수님은 과부의 아들의 손을 잡아 일으키시며 죽음의 권세를 딛고 생명이 살아나게 하셨습니다. 이처럼 부활의 확신은 내 앞의 고난과 어려움을 피하지 않고, 때로는 고난의 길을 자진하여 걸어갈 수 있는 용기를 줍니다. 이 부활의 소망으로 다시 힘을 내어 일어나고 싶은 부분은 무엇입니까?

2부

교회 생활의
기본자세

06

예배 생활

생각하며 읽기

1. 예배는 어떤 태도로 드려야 합니까?
2. 예배의 모든 순서가 은혜의 통로임을 압니다.
3. 예배 때 나의 모습 그대로 하나님께 나아가는 용기가 필요함을 압니다.

농구 황제 마이클 조던은 NBA 최고 선수(MVP)에 다섯 번, NBA 챔피언십 최고 선수에 여섯 번 오르고 자신이 속한 팀인 시카고 불스를 NBA 최우수 팀에 열 번이나 올려놓았던 미국 농구 역사상 최고의 선수로 꼽히는 사람입니다.

마이클 조던은 고등학교 시절에 농구를 좋아해 학교 농구 팀에 입단했지만 마르고 작은 키로 인해 1군 선수로 뽑히지 못하는 아품을 겪기도 했습니다. 그랬던 그가 피눈물 나는 훈련과 노력을 거듭해 자신의 좌절을 극복하고 탁월한 농구 선수로 인정받게 되었습니다.

많은 전문가들은 그의 성공 비결이 교과서 같은 폼, 즉 기본자세에 있다고 봅니다. 그는 드리블, 슛, 패스 등 모든 면에서 기본이 잘 닦여 있어서 환상적인 드리블, 어느 각도와도 상관없는 안정적인 슛, 정확한 패스를 하는 선수라고 인정받습니다. 거절당한 아픔을 겪은 시기에 오히려 기본을 갖추어 자신의 좌절을 더 큰 강점으로 승화시킨 것입니다.

마찬가지로 신앙도 기본자세가 중요합니다. 한국 교회 성도들은 모든 면에서 헌신적이고 열심이 있습니다만, 노력에 비해서 영적 성장이 느립니다. 영적 성장이 느린 가장 중요한 이유는 영적으로 기본에 충실하지 않은 채 사역을 좇아가는 경우가 많기 때문입니다.

신앙생활에 있어서 하나님 앞에 단독자로 서서 세상의 누구도 부러워하지 않는 은혜를 누리고 있느냐, 하나님과의 일대일 관계가 잘 형성되어 있느냐는 무엇보다 중요하게 점검해야 할 기본 중의 기본입니다. 이런 면에서 교회 생활의 기본자세를 기초부터 착실히 살펴보는 것은 기본을 세우지 않은 채 신앙생활을 해 온 우리에게 대단히 중요하다고 생각합니다.

예배는 '보는 것'이 아니라 '드리는 것'

교회 생활의 기본은 예배드리는 자세입니다.

> "아버지께 참되게 예배하는 자들은 영과 진리로 예배할 때가 오나
> 니 곧 이때라 아버지께서는 자기에게 이렇게 예배하는 자들을 찾
> 으시느니라 하나님은 영이시니 예배하는 자가 영과 진리로 예배
> 할지니라"(요 4:23-24).

하나님은 영과 진리로 예배하는 자들을 찾으십니다. 예배는 하
나님을 만나는 순간입니다. 물론 평소에도 하나님은 우리를 만나
러 오시지만 예배는 하나님의 영이 집중적으로 성도들의 존재 안
으로 치고 들어오시는 순간입니다. 따라서 예배에 실패하면 신앙
생활에 곤고함을 겪기가 쉽습니다. 예배의 기본자세를 바로잡아
야 하는 절실한 이유가 바로 이것입니다.

예배에 대한 가장 중요한 태도는 예배를 대하는 마음 자세입니
다. 예배는 '보는 것'입니까, '드리는 것'입니까? 예배를 본다는 마
음으로 교회에 오면 나는 예배의 주체가 아니라 관객이 됩니다.
이때 예배를 인도하는 주체는 목회자, 사회자, 기도자, 찬양대 등
이 됩니다.

구약 시대에는 '예배를 본다'는 말이 적용될 수 있었습니다. 성

전에는 제사장들이 들어갈 수 있는 구역과 성도들이 들어갈 수 있는 구역이 나뉘어 있었기 때문입니다. 지성소에는 대제사장만 들어갈 수 있었습니다.

그런데 마태복음 27장을 보면 예수님이 십자가에 못 박히실 때 성소의 휘장이 위에서부터 아래로 찢어졌습니다. 구약에서 성소의 휘장은 제사장과 하나님의 백성을 갈라놓는 경계선이 었습니다. 그러므로 예수님이 십자가에 못 박혀 돌아가시면서 성소의 휘장이 갈라졌다는 것은 더 이상 영적인 직분에 있어서 제사장과 하나님의 백성 사이를 구분하는 경계선이 의미가 없어졌음을 나타내는 것입니다.

그렇기 때문에 사도 베드로는 그리스도인들을 가리켜 "왕 같은 제사장"(벧전 2:9)이라고 했습니다. 우리는 제사장입니다. 그래서 예배드리러 오는 것은 제사장으로서 하나님 앞에 예배를 집전하러 오는 것입니다. 예배에 객체 혹은 관객으로서가 아니라 주체 요 참여자로 오는 것입니다.

예배의 성패는 예배 전에 결정된다

안타깝게도 개신교 본연의 '만인제사장' 신학은 오늘날 교회에서 본래의 건강성을 상실한 채 왜곡되어 있습니다. 교역자와 차

등이 없는 평신도의 영적 권한은 강조되는 반면 제사장 본연의 태도와 책임은 소홀히 여겨져, 평신도의 지적 수준은 상승한 데 비해 영적 수준은 오히려 하락했습니다.

구약에서 제사장은 단순히 제사를 집전하는 사람이 아니었습니다. 그 제사가 하나님이 받으시는 제사가 되게 하기 위해 제사 전에 여러 종류의 정결법을 지켜야 했습니다. 마음과 몸과 영을 신실하게 살펴 자신이 집례하는 제사가 하나님이 기뻐하시는 제사가 되도록 최선을 다했습니다.

이 정신은 오늘날 모든 평신도가 유념해야 하는 부분입니다. 적어도 주일 예배가 온전히 드려지는 예배가 되며, 하나님의 은혜를 풍성히 받는 예배가 되게 하기 위해서는 준비 단계에서부터 예배자로서의 몇 가지 자세를 갖추어야 합니다.

첫째, 토요일 저녁에는 충분한 수면을 취할 수 있도록 일찌감치 잠자리에 들어야 합니다. 주일 아침에 피곤한 몸으로 예배에 임해 은혜받기를 구하는 것은 공부하지 않고 일등 하기를 원하는 것과 같습니다.

둘째, 예배가 시작되기 10분 전에는 입실하여 예배드릴 준비를 해야 합니다. 교인들 중에는 예배가 이미 시작되었음에도 조금도 서두름 없이 커피를 들고 걸어 들어오는 분들이 있습니다. 찬양과 경배가 진행되는 중간에 들어오는 분들도 있습니다. 이것을 자유라 생각하는 분들도 있겠습니다만, 이것은 자유라기

보다는 방종에 가깝습니다. 자신의 영혼에 무책임한 것입니다. 참된 자유는 하나님의 뜻을 이루는 데 쓰여야 합니다. 적어도 10분 전에는 예배실에 들어가 지난 한 주간의 삶을 돌아보면서 예배를 통해 찾아오실 하나님을 맞을 준비를 할 때 풍성한 은혜가 임합니다.

하나님은 예배의 모든 순서를 통해 은혜 주신다

많은 성도들이 예배의 모든 초점을 설교에 맞춥니다. 예배에 습관적으로 늦는 성도들의 경우 아마도 그분들의 심중에 설교를 들으러 교회에 온다는 생각이 지배적이기 때문일 것입니다. 물론 모든 예배의 순서는 설교를 향해 나아가고, 설교가 정점된 후 마무리됩니다. 그러나 설교가 예배의 전부는 아닙니다. 우리가 이러한 설교 중심의 예배관에서 벗어나야 하는 이유가 두 가지 있습니다.

첫째, 하나님은 예배의 모든 순서를 통해 말씀하시기 때문입니다. 가끔 공중 기도 중에 "지금은 시작하는 시간이오니 마치는 시간까지 함께하여 주시옵소서"라고 고백하는 분들이 있습니다. 무엇을 시작한다는 말일까요? 설교가 곧 시작된다는 말입니다. 그런데 이미 예배는 찬양과 예배로의 부르심으로 시작했습니다. 예배학적으로 본다면 이는 적절하지 않습니다.

> "믿음이 없이는 하나님을 기쁘시게 하지 못하나니 하나님께 나아
> 가는 자는 반드시 그가 계신 것과 또한 그가 자기를 찾는 자들에
> 게 상 주시는 이심을 믿어야 할지니라"(히 11:6).

이 말씀은 하나님 앞에 나아가는 모든 사람에게 주시는 하나님
의 약속입니다. 하나님을 찾는 모든 사람에게 상 주시는 하나님
은 예배로 나아가는 성도들에게도 동일하게 행동하십니다. 예배
의 모든 순서를 통해서 반드시 은혜를 주시게 되어 있습니다. 예
배 전 찬양, 예배로의 부르심, 차임, 찬양, 고백의 기도, 용서의 말
씀, 공중 기도, 설교, 화답의 찬송, 봉헌의 시간, 파송의 노래, 축
도 등 순서 하나하나가 다 성령께서 우리에게 말씀하시는 순간입
니다.

예배의 한 대목 한 대목은 씨줄과 날줄처럼 유기적으로 연결된
성령의 도구들입니다. 하나님은 각각의 도구들을 당신의 악기로
활용하셔서 예배를 통해 자기를 찾는 자들에게 반드시 상 주십니
다. 그 어느 순서든지 주님이 주시는 은혜를 담아내기에 부족한
대목은 없습니다. 우리의 영이 예배 전체의 흐름을 신실하게 따
라가면 하나님은 반드시 모든 순서를 통해서 합당한 은혜를 주십
니다. 이것이 예배의 신비입니다. 주일 예배 때 함께 부르는 찬양

속에서 깊은 위로를 얻기도 하고, 공중 기도자의 간절한 기도가 내 마음을 하늘에 올려 드리는 것같이 느껴지기도 하며, 함께 부르는 찬송 속에서 낙심한 마음이 큰 힘을 얻기도 합니다.

하나님은 예배의 모든 순간에 은혜를 주십니다. 그러므로 성도들은 예배를 드릴 때 예배의 시작부터 끝까지 흐름을 좇아가면서 전심으로 각 마디들에 참여해야 합니다.

둘째, 영적 자주 국방을 위해서입니다. 하나님은 당신이 교회에 보내신 도구인 설교자를 통해서 우리에게 말씀하십니다. 하지만 설교자도 사람인지라 어려운 일을 겪거나 시험에 들거나 건강 문제 등으로 인해 말씀에 집중하지 못해 설교에 실패할 수 있습니다. 그런 경우 설교 중심의 예배자는 주일에 하나님과 만나 교제하며 그분의 음성을 듣고 한 주를 살아갈 새로운 영적인 활력을 얻는 데 실패할 수밖에 없습니다.

왜 자신의 영적 생존을 설교하는 목회자에게만 맡깁니까? 설교자의 실패가 곧 나의 영적 실패가 되고, 설교자의 성공이 곧 나의 영적 성공이 되는 것은 내 신앙생활에 문제가 있는 것입니다. **내 영혼은 하나님 앞에서 내가 지키는 것입니다.** 그것을 일컬어 영적 자주 국방이라고 말합니다.

설교자는 실패할 수 있습니다. 그러나 하나님은 설교자의 실패가 회중 전체의 실패로 확대되지 않게 하시고, "너는 실패했지만 나는 내 백성을 그냥 돌려보낼 수 없다"라고 하시며 예배의 다른 순서를 통해 은혜를 부어 주심으로 세상에서 승리하게 하십니다. 따라서 예배의 모든 순서에 자신의 영혼과 마음과 뜻을 쏟아붓는 것은 성도의 영적 승리를 위해서 대단히 중요한 비결입니다.

예배는 있는 모습 그대로 하나님 앞에 나오는 것

"그 나머지는 아론과 그의 자손이 먹되 누룩을 넣지 말고 거룩한 곳 회막 뜰에서 먹을지니라 그것에 누룩을 넣어 굽지 말라 이는 나의 화제물 중에서 내가 그들에게 주어 그들의 소득이 되게 하는 것이라"(레 6:16-17).

구약 시대의 제사는 모두 다섯 가지입니다. 번제, 소제, 화목제, 속죄제, 속건제가 그것입니다. 각각의 제사에는 의미가 있는데 그중에서 속죄제와 속건제는 나 자신을 하나님 앞에 태워 드리는 의미가 있습니다. 속죄제와 속건제의 제물을 먹을 때 하나님이 강조하신 부분이 있습니다. 누룩을 넣어 부풀리지 말라는 것입니다. 하나님께 예배하러 나올 때에는 마음을 부풀리거나 치장하지 말고 정직과 진실로 나오라는 것입니다.

"네가 내게 돌로 제단을 쌓거든 다듬은 돌로 쌓지 말라 네가 정으로 그것을 쪼면 부정하게 함이니라"(출 20:25).

그 당시에 가나안 땅이나 페르시아 지역의 신전들이 얼마나 매끈하고 아름답게 지어졌을지 상상해 보십시오. 그런데 여호와 하나님은 제단을 쌓을 때 돌을 정으로 쪼아 만들지 말라고 모세에게 특별히 당부하셨습니다. 여기에는 어떤 의미가 있는 것일까요?

첫째, 예배자로 나오는 자의 자세는 정직하고 진솔해야 합니다. 옷차림은 단정히 하고 얼굴에는 행복한 표정을 짓고 예배드리러 오지만, 사실 한 주를 살다 보면 내면이 썩어 문드러지고 상처받는 일들이 얼마나 많이 있습니까? 주일에 하나님 앞에 나아갈 때 우리는 자신을 거룩하게 포장하지 않고 상하고 깨어진 채 모든 아픔을 안고 가야 합니다. 손에 피가 묻었으면 묻은 대로, 눈에 눈물 자국이 있으면 자국이 있는 대로 주님의 십자가 밑으로 나아가야 합니다.

대체로 서양 사람들에 비해 동양 사람들은 싫으면 싫은 내색이 표정에 나타납니다. 저는 그 사실이 예배에서만큼은 긍정적이라고 생각합니다. 적어도 얼굴에 나타나는 부분과 내면의 상태가 다르지 않기 때문입니다. 그것이 영적으로 하나님이 우리에게 원하시는 모습에 더 가깝습니다. 지친 내 얼굴을 보시면서 하나님이 "우리 아무개가 세상 살면서 지치고 힘들었구나. 내가 오늘 위로해 주어야지" 하시며 우리에게 다가오시는 것입니다.

성도들을 대할 때도 마찬가지입니다. 힘들고 지치고 피곤하면 성도들 앞에서도 그대로 보이는 것이 좋습니다. 그러면 영적으로 서 있는 성도 중 누군가가 우리의 표정을 보고 기도해 주지 않겠습니까?

성도들 중에는 하나님 앞에 치장하고 찍어 바르고 나오는 것을 거룩이라고 생각하는 사람들이 있습니다. 가장 영적인 사람은 가장 정직한 사람입니다. 예배는 우리 속에 있는 모든 상한 것, 아픈 것, 깨어진 것을 하나님 앞에 내어놓음으로 주님의 만지심을 경험하고, 또 그것을 성도들이 서로 용납하고 기도해 주는 은혜의 자리가 되어야 합니다.

둘째, 한 주간 예배로 향하는 발걸음을 막을 만한 어떤 시험거리가 있었다 할지라도 나를 있는 모습 그대로 받으셔서 그 자리에서 다시 시작하게 하시는 하나님을 기대하며 예배에 나와야 합니다.

세상의 그 어떤 어려움도 우리의 예배를 막을 만큼 강력하지 않습니다. 흔히 초신자들은 이렇게 말합니다. "화가 나서 예배에 나올 수가 없었어요", "아내와 다투어서 예배에 올 수가 없었어요." 그러나 화를 품은 그대로, 아내와 다투어 깨어진 마음 그대로 예배에 나올 수 있습니다. 하나님은 지금의 나로부터 다시 시작하셔서 당신이 원하시는 자리까지 끌어올리실 수 있는 능력을

지니신 분이기 때문입니다.

우리는 교회 생활의 기본 중에 기본인 예배자의 자리를 견고하게 지켜야 합니다. 예배는 나 자신이 주체가 되어 하나님께 드리는 것입니다. 설교에 집중하는 예배에서 벗어나 모든 순서에서 성령의 흐름을 따라가십시오. 지금의 나 자신을 있는 그대로 받으시는 하나님을 신뢰하며 담대하게 주님 앞에 나오십시오.

07 말씀 생활

생각하며 읽기

1. 말씀 생활의 5단계를 배워 봅시다.
2. 말씀 생활이 내 삶을 변화시킬 수 있음을 기억합니다.

말씀 생활에서 중요한 것은 다음의 5단계를 따라서 신앙생활을 하는 것입니다. 손가락이 다섯 개이듯이 말씀 생활에도 다섯 단계가 있습니다.

말씀을 들어라(1단계)-말씀을 읽어라(2단계)-말씀을 연구하라(3단계)-말씀을 묵상하라(4단계)-말씀을 실천하라(5단계).

1단계-말씀을 들어라

말씀 생활의 첫 단계는 듣는 것입니다. **하나님의 위대한 사명은 하나님의 말씀을 듣는 것에서 시작합니다.** 내 전제, 내 판단, 내 관점을 내려놓고 하나님이 지금 내게 말씀하시는 것을 듣는 데서부터 시작합니다.

보는 신앙과 듣는 신앙

"믿음은 들음에서 나며 들음은 그리스도의 말씀으로 말미암았느니라"(롬 10:17).

'들음'은 신구약을 통틀어 모든 신앙의 기본입니다. 구약에서 하나님이 이스라엘 백성을 향해 가장 엄하게 꾸짖으시고, 질투하신 원인은 바로 바알과 아세라 신입니다. 바알과 아세라는 하늘의 비와 구름과 풍성한 오곡백과를 약속하는 풍요의 신이었습니다. 바알 신앙의 특징은 '보여 주는 신앙'입니다. 오곡백과와 풍년을 보여 주고 만질 수 있게 해 주면 믿겠다는 신앙입니다.

성도들 중에는 보거나 만질 수 없으면 믿지 못하는 분들이 있습니다. 하나님께 기도한 것이 손에 쥐어지지 않으면 하나님을 신뢰하지 못합니다. 하나님은 초신자들에게는 당신이 계신다는 것을 보여 주시기 위해서라도 이런 기도를 외면하지 않으십니다. 마치 도마가 "예수님의 옆구리에 손을 넣어 보지 않고는 부활을 믿지 못하겠다"라고 하니 예수님이 "내 옆구리에 손을 넣어 보라"라고 말씀하셨던 것과 같습니다. 처음에는 보여 주시는 것으로 시작합니다.

그러나 성도들은 여기에 멈춰 있으면 안 됩니다. 어느 단계에 이르면 하나님이 나를 사랑하신다는 사실을 느끼면서 주님께 자신을 전폭적으로 맡기는 믿음의 단계로 나아가야 합니다. 구멍 난 옆구리를 도마에게 보여 주시고 만지게 해 주신 예수님이 잠시 후에 "보지 못하고 믿는 자들은 복되도다"(요 20:29)라고 말씀하신 것도 이런 이유에서입니다. 이것이 '들음의 신앙'입니다.

신명기에서 하나님은 반복해서 "들으라, 이스라엘아! 나 여호와는 금상이나 우상이나 너희들의 손으로 만든 것 속에 있지 않다. 너희들이 눈으로 보는 것을 통해서는 나 여호와를 절대로 볼 수 없다"라고 하십니다. "다만 너희들은 나 여호와를 들을 수 있을 뿐"이라고 말씀하십니다. 우리 신앙은 듣는 것으로 시작합니다. 그러므로 말씀을 잘 들어야 합니다.

영적 경청과 물리적 듣기

듣기에는 두 가지 종류가 있습니다. 귀 기울여 듣는 '영적 경청'(listening)과 귀에 들리는 대로 듣는 '물리적 듣기'(hearing)입니다. 이 중에서 하나님과의 만남이 일어나는 듣기는 영적 경청입니다. 영이 영의 일을 알듯이, 하나님의 일은 내가 영적 민감성을 갖고 하나님의 뜻에 내 영의 주파수를 맞추려는 마음으로 들어야 합니다. 귀로만 듣는 것으로는 영의 교감이 일어나지 않기 때문에 충분하지 않습니다. 이는 선포되는 말씀 즉 설교를 들을 때에도 마찬가지입니다. 귀로 듣는 것으로는 절대 하나님의 만지심을 경험할 수 없습니다. 왜냐하면 그저 물리적 주파수의 흐름에 귀 기울이는 것만으로는 영적 주파수의 흐름을 헤아릴 수 없기 때문입니다. 영을 열어 경청하십시오!

두 사람이 앉아 대화를 나눈다고 가정해 보십시오. 서로가 서로에게 이야기하는 내용뿐 아니라 대화에 담긴 호흡, 톤, 색깔, 정서, 영적 뉘앙스까지 충실히 들어줄 때 이 대화는 인격적 만남이 주는 만족감을 서로에게 제공해 줄 수 있을 것입니다. 이것이 영적 경청입니다.

반면 서로 마주 앉아 대화를 나누기는 하지만 서로의 대화를 머리로만 이해하려 든다면 두 사람 사이에는 어떠한 인격적 만남의 흔적도 남지 않을 것입니다. 들었지만(hearing) 듣지(listening) 않았기 때문입니다.

성경에서는 바로 이 '영적 경청' 가운데 위대한 사명이 주어졌습니다.

"여호와께서 임하여 서서 전과 같이 사무엘아 사무엘아 부르시
는지라 사무엘이 이르되 말씀하옵소서 주의 종이 듣겠나이다 하
니"(삼상 3:10).

"내가 또 주의 목소리를 들으니 주께서 이르시되 내가 누구를 보
내며 누가 우리를 위하여 갈꼬 하시니 그때에 내가 이르되 내가
여기 있나이다 나를 보내소서 하였더니"(사 6:8).

하나님의 말씀을 깨달아 변화되고자 하는 자세로 성경을 읽으
려 하지만 좀처럼 잘되지 않는 이유가 있습니다. 내 생각, 내 마
음, 세상이 내게 들려준 소리가 영혼 안에서 소용돌이치고 있기
때문입니다. 이는 들음의 자세가 되어 있지 않다는 증거입니다.
**성경을 펴기 전에 5분 혹은 10분 정도 조용히 눈을 감고 부유해
있는 마음을 내려놓고 하나님의 말씀이 들어올 수 있는 마음의
공간을 만들어야 합니다. 이것이 들음의 자세입니다.** 이 들음의
자세는 이후 모든 단계에 반복됩니다.

2단계-말씀을 읽어라

하나님의 말씀을 잘 경청하겠다는 마음이 선 후에는 이제 말

씀을 읽어야 합니다.

"이 예언의 말씀을 읽는 자와 듣는 자와 그 가운데에 기록한 것을
지키는 자는 복이 있나니 때가 가까움이라"(계 1:3).

성경 전체를 죽죽 읽어 내려가라

성경을 죽죽 읽어 나가십시오. 신앙생활에서 가장 중요한 것은
성경 66권의 전체 주제와 흐름을 파악하고 그 속에서 삶을 살아
가는 것입니다. 하나님의 뜻을 바로 알기 위해서는 성경 66권의
큰 흐름이 내게 가르쳐 주는 방향과 물길을 바로 이해해야 합니
다. 그러기 위해서는 성경을 죽죽 읽어 내려가는 것부터 시작하
는 것이 좋습니다. 성경을 읽다가 이해되지 않는 어려운 부분이
있어도 거기에 매이지 말고, 마치 소설 읽듯이 읽어 나가야 합
니다.

신약은 구약의 토대입니다. 신약은 그리스도와 성도 개인의 인
격적 관계를 강조합니다. 신약에서 구속 신앙과 부활 신앙을 먼
저 철저히 숙지해야 합니다. 성경의 순서요 역사의 순서는 창조
뒤에 구속입니다. 반면에 성도는 구속 신앙을 경험하고 난 뒤에
창조 신앙을 경험하게 됩니다. 마치 이스라엘 백성이 출애굽과
홍해의 기적을 체험하고 나서 하나님이 진정 자신들의 구원자임
을 고백하게 된 것과 같습니다. 그 뒤에 광야, 즉 생명의 불모지에

서 쓴 물을 단물로 바꾸시고, 만나와 메추라기를 보내시며, 구름 기둥과 불기둥으로 자신들을 이끄신 하나님이 구속자일 뿐 아니라, 천하 만물을 친히 만드신 창조자이심을 체험하게 됩니다.

그런데 구약에서 중요한 부분이 있습니다. 구속받은 하나님의 백성이 세상 한복판에서 어떻게 살 것인지, 역사를 운행하시는 하나님의 뜻이 성도인 나를 통해 어떻게 펼쳐져야 할 것인지를 잘 보여 주고 있다는 점입니다. 여호와 하나님은 교회에만 계시는 분이 아니라 온 세계와 만물과 정치와 경제와 사회와 문화의 깊숙한 부분까지도 다스리시는 하나님입니다. 그 하나님의 구원의 경륜을 따라서 우리도 세상에서 쓰임 받는 사람이 되어야 합니다. 이 부분을 구약성경이 가르쳐 줍니다.

예언자들의 삶, 왕들의 일대기, 다윗의 인생, 시편과 잠언, 전도서 등은 우리가 어떻게 살아가야 하는지 가르쳐 줍니다. 지금 나의 신앙이 어느 쪽으로 치우쳤는지 살펴보고, 균형을 맞추기 위해 다른 쪽을 강조해서 읽다 보면 어느덧 신앙의 균형이 맞추어집니다.

3단계-말씀을 연구하라[4]

"베뢰아에 있는 사람들은 데살로니가에 있는 사람들보다 더 너그러워서 간절한 마음으로 말씀을 받고 이것이 그러한가 하여 날마다 성경을 상고하므로 그중에 믿는 사람이 많고"(행 17:11-12).

바울이 보기에 베뢰아 교인이 데살로니가 교인보다 귀한 부분이 있었습니다. 그것은 "더 너그러워서"라는 말씀에서 찾아볼 수 있습니다. 영어 성경에는 'noble character'로 번역되어 있으며, '고상한, 숭고한 성품을 가졌다'라는 뜻입니다. 비록 시장 바닥에서 몸 붙이며 하루 먹고살기도 바쁘지만, 그 영혼의 지향성은 하나님을 향해 고정되어 있었음을 말합니다. 그들은 스펀지가 물기를 빨아들이듯이 간절한 마음으로 말씀을 잘 받아들였습니다. 기꺼이 하나님의 메시지를 환영할 뿐만 아니라 성경을 꼼꼼히 관찰하고 연구했습니다. 바울에게는 이러한 태도가 대단히 귀한 자세로 보였던 것입니다.

또 다른 번역본에서는 베뢰아 교인들이 성경에 대해서 '마음이 열렸다'(open minded)라고 해석합니다. 성경을 읽을 때는 편안하게 읽으면 됩니다. 이 과정에서 어떤 단어, 구절, 개념, 이미지가 내 마음을 끄는지를 살펴보십시오. **내 마음을 끈 부분의 말씀이 무엇을 의미하는지를 적어보는 것이 연구입니다.**

---

4) D형 큐티의 '내용 관찰-연구와 묵상-느낌-적용' 중에서 '연구와 묵상'에 해당합니다.

개신교 신앙의 장점 중 하나는 성경을 연구하는 자세입니다. 신앙은 신비입니다. 그러나 그리스도인들은 신앙생활을 신비 혹은 주술의 세계에 내어 맡기지 않고 끊임없이 말씀을 연구합니다.

종교개혁 이전 중세 교회의 성도들은 성만찬 중심의 신앙생활을 했습니다. 그들은 성만찬 중지를 가장 무서운 처벌로 생각할 정도로 성만찬을 중요시했습니다. 교인들은 예배(미사) 때 예수님의 떡과 잔에 참여함으로 자신의 죄와 허물이 용서받고 실제로 그리스도와 연합한다고 생각했습니다. 이것은 성만찬이 본래의 취지를 상실하고, 인간 개인의 실존적 회개와 결단 없이도 참여할 수 있는 미신적이고 주술적인 행사로 퇴락했다는 것을 말합니다. 진정한 깨우침과 회심과 결단이 없는 종교 행위는 인간을 구원하지 못합니다. 이런 면에서 종교개혁자들이 성경에 기초한 말씀 중심의 영성을 주창한 것은 기독교 신앙의 본질을 회복한 것이었습니다.

말씀 해석의 세 가지 방법

우리가 성경을 해석할 때 주로 사용하는 세 가지 방법이 있습니다.

첫째, 성경을 문자적인 의미로 해석하는 것입니다. 말씀 자체를 있는 그대로 받아들이는 독법입니다. 문자적으로 읽어야 하는 성경 말씀 중에 대표적인 것은 산상수훈인 마태복음 5-7장입니다. 산상수훈을 지키기가 너무 어렵다고 해서 예수님이 교회에게 직접 가르치신 말씀을 영해(靈解)라는 이름 아래 왜곡, 축소, 과장하는 것은 옳은 독법이 아닙니다. 그런 방법으로는 성도의 신앙이 도전받지도 자라지도 않으며, 오히려 교회의 영적 능력이 약화됩니다.

둘째, 성경을 역사적으로 해석하는 것입니다. 성경이 기록된 당시의 역사적 맥락 속에서 읽고, 그것을 오늘날 재해석하는 것입니다. 예를 들어, 바울이 고린도교회 성도들에게 "여자는 교회에서 잠잠하라"(고전 14:34)라고 말하는 구절이 있습니다. 이는 한국 교회에서 여성 목사와 여성 장로 안수를 극구 반대하는 사람들이 즐겨 인용했던 구절입니다. 하지만 이 구절은 역사적 맥락에서 읽어 오늘날 해석해야 하는 전형적인 구절입니다.

바울이 당시 고린도교회에서 이렇게 말한 데는 이유가 있었습니다. 고린도교회는 은사가 많고 열심이 많았기 때문에 역설적으로 무척 시끄러웠습니다. 그런데 예나 지금이나 특별히 여성들이 다양한 은사들을 받아서 열성적입니다. 신비에 대단히 열려 있습니다. 반면 남성들은 이성이 강해서 신비를 잘 체험하지 못합니다.

이런 특성 때문이었는지, 고린도교회의 여성도들이 신비나 환상을 자주 보았던 것 같습니다. 그리고 자신이 본 것을 회중 앞에 나와 질서도 없이 아무 때나 이야기했던 것 같습니다. 바울은 교회의 질서를 깨는 이 부분을 옳지 않게 여겼습니다. 그래서 "여자는 교회에서 잠잠하라"라고 말한 것입니다.

이것을 오늘날 문자적으로 적용하면 오류를 범할 수밖에 없습니다. 그리스도 안에서는 남자나 여자나 하나입니다. 이러한 성경의 정신을 갖고, 이와 같은 구절은 역사적 맥락을 이해하고 읽어야 합니다.

요한계시록 역시 역사적 맥락을 짚어 읽어야 하는 책입니다. 요한계시록은 엄청난 박해의 때에 쓰였습니다. 그래서 박해자인 비그리스도인들이 해독할 수 없도록 많은 상징과 숫자로 기록되었습니다. 이를 무시하고 문자적으로 혹은 영적으로 읽게 되면 성령의 뜻을 거스르는 오류를 범하게 됩니다.

셋째, 성경을 영적으로 해석하는 것입니다. 이 경우 전문적인 신학 수련을 받은 목회자들의 안내가 필요합니다. 성도들의 바른 말씀 생활을 위해서는 목회자들의 체계적인 신학 교육이 매우 중요합니다.

예를 들어 레위기 11장에 나오는 정한 동물과 부정한 동물에 대해서는 오늘날 어떻게 해석해야 할까요?

영적 의미를 발견하는 말씀 해석

> "모든 짐승 중 굽이 갈라져 쪽발이 되고 새김질하는 것은 너희가
> 먹되"(레 11:3).

하나님은 이스라엘 백성에게 먹어도 되는 짐승과 먹어서는 안되는 짐승을 구별해 주셨습니다. 먹어도 되는 짐승은 하나님이 보실 때 정결한 것, 먹어서는 안 되는 짐승은 하나님이 보실 때 부정한 것으로 구별된 것입니다. 성경은 이러한 사항을 세밀하게 가르쳐 주의를 주고 있습니다.

레위기 11장에 의하면 땅에 기는 동물 중 굽이 갈라지고 새김질하는 짐승은 거룩하며 바다의 고기 중 지느러미와 비늘이 있는 것은 거룩하므로 먹어도 된다고 말씀합니다. 반면 굽이 갈라졌으나 새김질하지 못하는 돼지는 부정하므로 먹지 말고 새김질은 하되 굽이 갈라지지 않은 낙타나 사반이나 토끼도 부정하므로 먹지 말라고 경고합니다. 마찬가지로 지느러미와 비늘이 없는 고기는 가증하니 먹을 수 없다고 금하십니다(레 11:2-10). 이에 따르면 장어, 미꾸라지, 문어, 오징어와 같은 것들은 먹어서는 절대 안 되는 것입니다. 구약의 이스라엘 백성은 실제로 먹지 않았습니다. 그러나 오늘날 우리는 먹습니다. 그 이유는 이렇습니다.

예수님이 승천하신 후 베드로는 최초로 이방인 고넬료에게 세례를 주었습니다. 고넬료에게 세례를 주기 전에 베드로는 지붕 위에 올라가 기도하면서 환상을 보았습니다. 하늘에서 광주리가 내려왔는데 먹어서는 안 될 것이 가득 들어 있었습니다. 그때 하늘에서 소리가 들려왔습니다. "먹으라!" 베드로는 레위기의 구절을 들며 부정한 것을 먹지 않겠다고 했으나 하나님이 먹으라고 말씀하셨습니다.

그때 고넬료가 사람을 보내 이방인이지만 하나님의 말씀을 듣고자 한다고 요청해 왔습니다. 베드로는 '나는 여태까지 유대인은 거룩하고 이방인은 천하고 속되다고 생각했는데, 하나님은 하나님의 때에 온 열방이 예수님을 믿어 거룩하게 될 길을 만드시고, 그들 역시 인정하셔서 나에게 환상으로 보여 주신 것이구나!' 하고 깨닫게 되었습니다. 그리고 고넬료에게 가서 복음을 전하고 세례를 베풀었습니다. 이때부터 우리는 문어도 돼지도 다 먹어도 되었습니다. 신약의 백성들에게는 감사함으로 받으면 하나도 버릴 것이 없게 된 것입니다.

성경과 자연과학적 진리가 서로 부합한다고 생각하는 사람들이 있습니다. 그들은 하나님이 문어에 콜레스테롤이 많다는 것을 아시고 문어를 먹지 않도록 금지하셨다고 말합니다. 그런데 최근에 다시 학설이 바뀌었습니다. 콜레스테롤에는 좋은 콜레스테롤과 나쁜 콜레스테롤이 있는데, 좋은 콜레스테롤은 적당히 섭취하는 것이 좋다고 합니다.

성경을 과학에 너무 짜 맞추려고 하면 성경의 진리성을 옹호하기가 오히려 어려워집니다. 성경이 진리인 것은 그것이 영적 진리이기 때문입니다. 물론 영적 진리가 과학적 진리를 배제하지는 않습니다. 하지만 반대로 과학적 진리의 승인을 받아야만 영적 진리가 되는 것은 아닙니다. 그렇기에 성경을 읽을 때 중요한 것은 성경을 영적으로 읽는 것입니다.

그렇다면 레위기 11장을 무시하면 되는 것일까요? 결코 아닙니다. 어거스틴은 구약성경을 해석하는 열쇠를 우리에게 가르쳐 주었습니다. 구약을 보면 이스라엘 백성에게 주셨던 진리 가운데 오늘날 우리가 지키지 않아도 되는 많은 것들이 있습니다. 또 때때로 '하나님이 과연 이런 분이신가?'라고 생각하게 할 정도로 고개를 갸우뚱거리게 하는 부분도 있습니다. 아말렉과의 전투 중에서 아이들까지 완전히 멸망시키라고 하시는 부분이 그러합니다. '하나님이 이렇게 잔인한 분이신가?'라고 생각하게 됩니다.

이에 대해 어거스틴은 우리가 성경을 읽다가 하나님이 사랑과 진리의 하나님이시라는 사실을 의심하게 만드는 구절을 만난 경우에는 머뭇거리지 말고 그 속에 담긴 영적 의미를 찾는 데 집중하라고 했습니다. 이에 대해 좀 더 자세히 살펴보겠습니다.

굽이 갈라진 동물이 깨끗하다는 말씀은 신앙생활에서 좌우 균형을 맞추는 것이 중요함을 의미합니다. 여호수아 1장에서도 하나님은 "우로나 좌로나 치우치지 말라"(수 1:7)라고 신앙생활의 균형에 대해 말씀하셨습니다.

구약을 한 번 읽었으면 신약을 한 번 읽고, 기도를 10분 했으면 말씀을 10분 읽고, 묵상을 10분 했으면 실천을 10분 하고, 내면 깊은 곳에서 하나님과 교제를 나누었으면 하나님이 죽기까지 사랑하신 세상을 위해서 자신이 어떻게 살아가야 할지도 같이 묵상하는 것이 균형을 맞추는 것입니다. 이것이 쪽발이 된 것은 먹어도 좋다는 말씀의 영적인 의미입니다.

다음으로, **새김질하는 동물이 거룩하다는 말씀은 묵상의 중요성을 의미합니다.** 새김질하는 염소나 양처럼 말씀을 새김질하라는 것입니다. 말씀을 위가 하나뿐인 동물들처럼 입에서 꿀꺽 삼켜 끝내는 것이 아니라, 먼저 씹어 삼키고 다 소화되지 않은 것은 새김질해 씹고 또 씹어서 완전히 자신의 것으로 소화시키라는 의미입니다. 그런 면에서 인간을 위를 두 개 가진 양으로 비유하신 것에는 굉장히 깊은 메시지가 담겨 있다고 할 수 있습니다. 착한 양 떼가 되기 위해서는 말씀을 자기 속에 새김질해야 한다는 것입니다.

아울러 지느러미와 비늘이 없는 것이 부정하다는 말씀은 하나님이 잡으려고 하시는데 미끌거려서 빠져나가는 것들은 부정하다는 것입니다. 미꾸라지나 장어는 기운이 다 빠져 더 이상 도망갈 수 없을 때 잡습니다. 그리스도인들은 주님이 잡으려고 하실 때 도망가지 말고 주님께 붙들려야 합니다. 이런 식으로, 성령의 인도하심 따라 영적 의미를 발견하는 해석을 할 수 있습니다.

영성과 공동체 신앙 면에서 한국 교회의 존경을 받는 분이 계십니다. 성공회 수도원인 예수원의 설립자 고(故) 대천덕 신부님입니다. 신부님은 개인 경건 중심의 신앙이 주류를 이루는 한국 현대 교회사에 공동체 신앙의 기초를 놓으신 분입니다. 미국인이지만 한국인보다 더 한국을 사랑하신 분입니다. 긴 역사의 고난으로 단련된 한국인의 영혼의 깊이와 소중함을 한국인보다 더 귀하게 여기신 분입니다.

나이 70세가 넘으면 대부분의 선교사들이 본국으로 돌아가 여생을 마치는 반면, 대천덕 신부님은 평생 한국에 살다가 한국에서 생을 마치셨습니다. 65세 이후 병으로 고생을 많이 하셨는데, 그분을 아끼는 후배들이 "이제는 미국으로 돌아오셔서 좀 쉬십시오"라고 수차례 권고했음에도 불구하고 "하나님이 나를 한국 땅으로 보내 주셨기 때문에 나는 한국에 내 뼈를 묻을 것이다"라며 한국을 떠나지 않으셨습니다.

한번은 심장이 안 좋아서 세브란스 병원에 입원하신 적이 있습니다. 때마침 제 아내가 간호사로 근무하고 있던 병실로 대천덕 신부님이 오시게 되었고, 아내는 신부님을 간호하는 영광을 얻게 되었습니다.

하루는 아내가 병실에 들어가 보니 신부님이 레위기를 놓고 노트에 그림을 그리며 이리저리 고개를 갸우뚱거리고 계셨다고 합니다. 레위기 성경에 앞뒤가 맞지 않는 부분이 있어서 고민하고 계셨던 것입니다. 이것이 바로 성경을 연구하는 자세입니다.

우리의 신앙도 이와 같아야 합니다. 신학 공부도 중요하고, 경건 서적도 많이 봐야 하지만 무엇보다 중요한 것은 하나님의 말씀을 연구하고 공부하는 자세입니다. 성경을 공부함으로써 나 자신이 세운 기준, 내 속에 들어온 세상의 가치 기준이 조금씩 바뀌어 점점 성경적 기준을 따라 사는 법을 배우게 됩니다.

4단계-말씀을 묵상하라[5]

"복 있는 사람은 악인들의 꾀를 따르지 아니하며 죄인들의 길에 서지 아니하며 오만한 자들의 자리에 앉지 아니하고 오직 여호와의 율법을 즐거워하여 그의 율법을 주야로 묵상하는도다"(시 1:1-2).

시편 1편은 성경이 말하는 복 있는 사람의 기준을 분명히 말해 줍니다. 복 있는 사람은 돈 많은 사람, 자식이 잘되는 사람, 장수하는

---

5) D형 큐티에서는 '느낌'에 해당합니다.

사람이 아닙니다. 성경은 여호와의 율법을 즐거워하여 그의 율법을 주야로 묵상하는 사람이 복 있는 사람이라고 말하고 있습니다.

쉽게 말하면, 묵상은 말씀을 꼭꼭 씹어서 삼키는 것입니다. 성경을 곱씹어 읽어 내려가다 보면 그날 특별히 마음이 끌리거나 울려오는 한두 구절의 말씀이 있습니다. 그때 그 구절을 가지고 말씀의 객관적인 의미를 연구하여 해석합니다. 그러고 나서 **이 해석된 말씀이 '지금 내 삶에' 무엇을 말해주는지를 듣는 것이 묵상입니다.** 묵상 중에 내 삶에 있었던 사건, 장면, 마음들이 떠오를 수 있습니다. 그것을 적어보십시오. 그리고 이 장면들에 깨달은 말씀이 무엇을 말씀하시는지를 살펴보십시오. 깨달은 말씀이 어제 아내와 다툰 나를 떠올리며 화해를 청하게 할 수 있습니다. 유난히 게을러진 요즘의 나를 떠올리며 주님을 더욱 가까이 하도록 촉구할 수 있습니다. 이것이 묵상입니다.

5단계-말씀을 실천하라[6]

"그러므로 누구든지 나의 이 말을 듣고 행하는 자는 그 집을 반석

---

6) D형 큐티에서는 '적용'에 해당합니다.

위에 지은 지혜로운 사람 같으리니"(마 7:24).

　예수님은 산상수훈의 말씀을 듣고 행하는 사람은 집을 반석 위에 세우는 사람이라고 말씀하십니다. 말씀을 듣고, 읽고, 공부하고, 묵상하는 이유는 행하기 위해서입니다. 한 가지를 들었으면 한 가지를 행해야 합니다.

　도산 안창호 선생은 행하는 것을 많이 강조하셨습니다. 대단히 신실한 그리스도인이었던 그분은 한국 사람이 머리도 명석하고, 순수하고, 참으로 훌륭한 기질을 갖춘 민족임에도 국운이 자꾸 기우는 이유는 지식을 행하기보다는 탁상공론만 일삼기 때문이라고 하셨습니다. 맞는 말씀입니다. 열 가지를 알지만 한 가지도 실천하지 못하는 것보다 단 두세 가지를 알 뿐이지만 그중 한 가지라도 몸으로 행하는 것이 중요합니다. 또한 그렇게 살아가는 사람이 진짜 그리스도인입니다.

　성경을 읽다가 "너희는 서로 사랑하라"라는 말씀을 묵상했으면 그것을 실제 삶에 적용해야 합니다. 하나님이 주신 메시지를 통해서 주변에 내가 사랑하고 도와주어야 하는 사람이 있는지 떠올려 보아야 합니다. 성령의 깊은 은혜 가운데 있다면 반드시 떠오르는 사람이 있을 것입니다. 그러면 믿음으로 그 사람에게 편지도 쓰고, 이메일도 보내고, 전화도 하는 것입니다. 이것이 묵상을 실천하는 모습입니다.

부부 싸움을 했다고 합시다. 성경을 읽던 중 "해가 지도록 분을 품지 말고"(엡 4:26)라는 말씀을 묵상하게 되었습니다. 그러면 '하나님이 왜 오늘 이 말씀을 내게 주시나?'라고 생각하면서 아내에게 가야 합니다. "여보, 솔직하게 말해서 당신에게 화가 나서 화해하고 싶지 않은데 성경이 나에게 오늘 이렇게 가르쳐 주시니 화해하고 싶소. 우리 서로 화를 풉시다." 말씀대로 실천하는 것이 진정한 그리스도인의 모습입니다. 그러면 그 사이에 성령께서 역사하십니다.

> "사람이 하나님의 뜻을 행하려 하면 이 교훈이 하나님께로부터 왔는지 내가 스스로 말함인지 알리라"(요 7:17).

이 말씀은 대천덕 신부님이 예수원을 30년가량 이끌어 나가시게 한 원리이자 하나님 앞에서 붙드신 말씀입니다. 예수원을 시작하실 때 대천덕 신부님에게는 돈이 있는 것도 후원자가 있는 것도 아니었습니다. 단지 하나님 앞에서 세운 믿음뿐이었습니다. 예수원은 하나님의 말씀이 참인지 거짓인지 실험하는 곳이었습니다. 말씀대로 예수원을 이끌어서 하나님의 말씀이 참인지 거짓인지를 한번 증명해 보고자 하셨다고 합니다.

예수님이 능력 있는 말씀을 선포하셨을 때 바리새인과 제사장들이 물었습니다. "네가 지금 하는 말이 하나님의 말씀인지 네 임의로 생각해서 하는 말인지 우리가 어떻게 알 수 있겠느냐?" 그때 하신 말씀이 바로 요한복음 7장 17절입니다. "네가 말씀에 자신을 걸고 살아 보면 그 말씀이 참된 것임을 알게 될 것이다"라는 뜻입니다.

그러므로 그리스도인은 말씀이 진리인 줄 알고 싶다면 그 말씀에 존재를 걸어야 합니다. 그로써 영적 능력과 확신을 갖고 다음 단계로 나가는 것입니다. 이것이야말로 기독교가 실천의 종교임을 말해 주는 가장 확실한 방법입니다.

말씀 생활 5단계로 보게 되는 변화

말씀 생활의 5단계를 죽 따라가면 성도는 반드시 변화하게 되어 있습니다. 오랫동안 신앙생활을 해서 듣기도 많이 듣고, 읽기도 많이 읽고, 공부도 많이 했음에도 불구하고 '내가 과연 변화하고 있나?' 하고 고개가 갸우뚱해질 때가 있을 것입니다. 그럴 때면 제일 먼저 자신이 말씀 생활을 충실히 하고 있는지를 성찰해 보십시오. 만약 말씀 생활의 신실성에 큰 문제가 없다고 여겨지면 내가 변화되었는지 의심이 든다 할지라도 흔들리지 말고 하나님이 반드시 역사하신다고 믿으십시오.

콩나물시루에 물을 부으면 물이 금새 다 빠져나가 버립니다.

'과연 콩나물이 자랄까?' 하는데 어느새 쑥쑥 자란 콩나물을 보게 됩니다. 우리의 신앙도 마찬가지입니다. 부지런히 듣고, 부지런히 읽고, 부지런히 공부하고, 부지런히 묵상해 하나씩 실천해 가십시오. 그러면 어느새 자신이 가지고 있던 세상적인 삶의 기준과 가치관이 바뀌어 있고, 하나님이 주시는 가치를 따라 살아가고 있는 나 자신을 발견하게 될 것입니다.

08

기도 생활

생각하며 읽기

1. 하나님께서 어떠한 기도를 원하십니까?
2. 진정한 기도가 지닌 능력을 알아봅시다.

"기도를 들어 보면 그 영혼의 현주소를 알 수 있다"는 말이 있습니다. 오늘날 그리스도인들의 기도는 어떠할까요? 오늘날 그리스도인들의 기도는 왜곡되어 있는 경우가 많습니다. 하나님의 뜻을 이루기보다는 자신의 욕심을 채우기 위해 기도하는 경우가 대단히 많기 때문입니다. "하나님, 사업 잘되게 해 주십시오. 건강하게 해 주십시오. 자녀들이 대학 가게 해 주십시오" 등 그리스도인들의 대부분의 기도는 이생의 필요를 채워 달라는 기도입니다. 이를 일컬어 '청원형 기도' 혹은 '욕구 분출형 기도'라고 합니다.

물론 이런 기도 자체는 잘못된 것이 아닙니다. 우리 주님도 "일용할 양식을 위해 기도하라"라고 하셨습니다. 구하지 않아도 주시는 주님이 왜 구하라고 말씀하셨을까요? 이는 연약한 인간의 가장 정직한 자기표현이요, 일용할 양식을 구하는 자의 기도에 응답해 주심으로 우리로 하여금 하나님을 더욱 깊이 신뢰하게 하시기 위해서입니다. 나아가 이 신뢰를 기반으로 지금 우리가 구하는 것을 넘어 더욱 높고 위대한 가치를 위해 담대하게 자신을 드릴 줄 아는 사람으로 변화시켜 주시려는 것입니다.

성도는 크고 작은 요구가 응답받는 경험을 축적하면서, 하나님은 실제 살아 계시며 우리의 작은 신음 소리에도 귀 기울이시는 신실하신 하나님이라는 것을 체험하게 됩니다. 그러면서 점점 무엇을 먹을까, 무엇을 입을까 걱정하는 데서 자유로워져 하나님 나라와 의를 먼저 구하는 그리스도인으로 성장하게 됩니다.

주님은 우리가 먹고사는 것이 하나님의 살피심을 통해 해결되는 것을 거듭 삶에서 확인하면서, 생존에의 두려움에서 점점 해방되어 보다 높고 위대한 가치를 위해 자신을 드릴 줄 아는 삶을 살기를 기대하신 것입니다. 이것이 건강한 그리스도인의 기도 체험 결과물입니다.

우리가 해야 할 기도

안타깝게도 오늘날 한국 그리스도인들의 기도는 이런 주님의 뜻과 멀어져 버렸습니다.

경제가 어렵다고들 하지만, 그럼에도 지금 한국은 이 민족의 개국 이래 가장 잘사는 나라가 되어 있습니다. 저는 이 땅에 개신교가 들어온 130년의 역사와 이 민족의 현재가 절대 무관하지 않다고 봅니다. 세계 역사를 살펴보면 우리 한민족처럼 가슴속에 못 자국이 깊이 새겨진 민족이 없습니다. 5,000년 역사에서 반복된 외침, 36년 식민지의 고통, 동족상잔의 비극을 겪은 후에는 세계에서 유일하게 남은 분단국가로 민족이 서로 총부리를 겨누게 되었습니다. 하지만 그 순간에도 하나님은 이 땅에 엄청난 경제적 축복을 허락하셨습니다. 조상들이 서낭당에서 알지도 못하는 신에게 절박하게 빌던 그 기도까지 다 들어주셔서 하루 세 끼 밥도 못 먹고 살던 나라가 이제는 세계에서 열네 번째로 잘사는 나라가 되었습니다. 하나님이 이 땅을 축복해 주신 것입니다.

하나님은 바다에서 건져진 이 민족이 하나님을 다른 어떤 민족보다 깊이 신뢰해 하나님 나라를 이 땅에 세워 나가며, 열방에 그 나라를 전하게 하고자 하셨습니다. 그런데 우리는 하나님의 뜻을 도외시하고 여전히 더 잘살게 해 달라고 부르짖고 있습니다. 하나님이 한국 교회를 보시며 무척 서운해하실 것 같습니다.

생명의 근원이 되시고 죄와 죽음과 원수의 권세를 이미 이기신 예수 그리스도를 믿는다고 하면서 인간으로서 미쳐 떨쳐 버리지 못한 욕망을 거룩한 언어로 포장해 쏟아 내는 것을 어떻게 기독교적 기도의 근본이라 할 수 있겠습니까? 이 기도는 절대 우리 영혼을 치유하지 못하며, 그리스도의 제자로 자라 가게 하지 못합니다.

성도들이 우리 기도에 응답하시는 주님의 본마음을 파악하지 못하고 그저 '달라는 기도'에 대부분의 시간을 할애하면 문제가 생깁니다. 이런 기도는 삶의 거룩한 변화를 향한 열망, 그리스도의 장성한 분량이 충만한 데까지 이르려는 거룩한 갈망을 앗아가 버립니다(엡 4:13). 왜냐하면 '달라는 기도'에 계속해서 몰입하면 우리 영혼에 굳은살이 생겨 하나님의 뜻에 순수하게 반응하는 영적 감각이 서서히 마비되기 때문입니다.

성경에는 이렇게 기도하는 자들을 대하시는 주님의 마음이 드러나 있습니다. 주님이 오병이어의 기적을 베푸시자 사람들이 구름 떼처럼 모여들었습니다. 주님은 그들의 마음속에 무엇이 있는지 아시고는 이렇게 말씀하셨습니다.

> "내가 진실로 진실로 너희에게 이르노니 너희가 나를 찾는 것은 표적을 본 까닭이 아니요 떡을 먹고 배부른 까닭이로다 썩을 양식

을 위하여 일하지 말고 영생하도록 있는 양식을 위하여 하라"(요 6:26-27).

한 권사님 댁에 심방을 한 적이 있습니다. 그분은 모태 신앙인 이었지만 중간에 신앙을 잃어버리고 믿지 않는 남편을 만나 결혼했습니다. 남편이 사업을 해서 크게 성공했지만 나중에 빚보증을 잘못 서는 바람에 망하고 말았습니다. 삶은 낭떠러지로 밀려났고 하루하루가 칼날 위에 서서 사는 것같이 아슬아슬하게 느껴졌습니다. 그리고 오랫동안 등지고 있던 교회를 다시 찾았습니다.

그렇게 다시 신앙생활을 시작한 권사님은 날마다 자기 처지를 회복시켜 달라고 주님께 기도했습니다. 어느 날 기도하면서 말씀을 읽는데, 요한복음 6장 26절 앞에 멈춰 서서 자신의 모습을 보게 되었다고 합니다. 지금까지 자신이 주님을 구한 이유가 주님 때문이 아니라 먹고사는 문제를 해결받기 위해서였다는 것을 말입니다. 살려 달라고 간절히 매달리는 자신의 모습이 마치 예수님 당시 주님이 베푸시는 기적만 쳐다보며 그분을 따르던 무리와 조금도 다를 바가 없음을 알게 되었습니다.

권사님은 땅을 치고 통곡하며 회개했습니다. 정작 생명의 주인 되시는 주님은 외면하고 생명을 위해 주시는 떡을 얻기 위해 주님께 매달렸던 자신의 모습이 부끄러워 가슴을 치면서 통회했다고 합니다. 우리의 기도는 지금 어떻습니까?

기도의 능력

그러면 진정한 기도에는 어떤 능력이 있을까요?

기도는 영혼을 치유하는 능력이 있다

"너희 중에 고난당하는 자가 있느냐 그는 기도할 것이요 즐거워하는 자가 있느냐 그는 찬송할지니라 너희 중에 병든 자가 있느냐 그는 교회의 장로들을 청할 것이요 그들은 주의 이름으로 기름을 바르며 그를 위하여 기도할지니라"(약 5:13-14).

기도는 육신과 영혼을 잠식한 질병을 치유하는 능력이 있습니다. 초대교회 때부터 기도의 소중한 능력 중에 하나는 육신의 치유였습니다. 하지만 오늘날 한국이나 선진국같이 의학이 발전된 나라에서는 육체의 치유 역사가 많이 일어나지 않습니다. 하나님이 능력이 없어지셨기 때문이 아니라 역사의 주관자 되시는 하나님이 현대에는 과학과 의술을 통해서 부어 주시는 일반 은총으로 일하시기 때문입니다. 병원에서 육체를 치유하는 일 또한 하나님의 일반 은총이라는 뜻입니다.

이에 반해 영혼의 치유는 오늘날 기도에 중요한 영역이 되었습니다. 현대의 기술 문명 속에서 인간의 영혼은 심각하게 황폐해졌습니다. 농경문화가 지배적이었던 예전의 친자연환경적 문명에서는 인간이 자연 속에 잠겨 있는 그 자체로 하나님이 만드신 창조 세계를 묵상하면서 그 영혼이 정화되고 답답한 마음이 풀리는 일이 일어났습니다.

하지만 현대의 기계 및 컴퓨터 문명에서는 그런 일이 거의 불가능합니다. 인간이 직면하는 세상 자체가 대단히 비인격적이기 때문입니다. 하늘로 치솟은 건물이 인간을 둘러싼 주된 환경이 되어 이전에 자연 속에서 일어났던 정서적 경험이 불가능해졌습니다. 기계, 컴퓨터, 로봇 등 무미건조한 매체가 인간과 인간 사이를 매개하면서 사람과 사람 사이의 영적인 교류를 어렵게 만들었습니다. 그만큼 현대인들의 삶에는 스트레스가 많습니다.

이런 면에서 보면 오늘날은 기도를 통해 성령께 자신을 맡겨 그분의 만지심과 치유를 경험하고, 용서할 수 없는 사람을 용서하며, 하나님과 사람들 앞에서 관계의 영역을 회복해 나가는 것이 대단히 중요해졌습니다.

기도는 하나님과의 대화입니다.

하나님은 우리 영혼 깊숙한 곳에서부터 나오는 기도를 통해 죄와 상처로 병든 자아를 치유하십니다. 이러한 기도의 능력을 경험하기 위해서는 반드시 기억해야 할 일이 있습니다. 기도의 고상한 목표를 먼저 설정해 놓고 자신을 그 목표에 몰입시켜서는 결코 안 됩니다.

 K 집사님이 있다고 합시다. 그런데 그 사람과 대화를 하기만 하면 이상하게 서로 틀어지고 문제가 생깁니다. 어느 순간 내 안에 K 집사님을 불편해하고 미워하는 마음이 있다는 것을 알아차립니다. 그러면 "주님, 저를 용서해 주십시오. 제 안에 그를 불편해하고 미워하는 마음이 있습니다. 그 마음을 뿌리째 뽑아 주십시오!"라고 기도하지 말라는 것입니다. 그때는 하나님 앞에 잠잠히 머무르면서 내 안에 존재하는 상대방에 대한 미움의 실체, 그 뿌리가 무엇인지를 먼저 들여다보아야 합니다. 이것도 기도입니다.

 아침에 기도하건 밤에 기도하건 우리의 기도는 하나님과 같이 써 내려가는 일기가 되어야 합니다. 즉 하나님과 세밀히 대화하라는 뜻입니다. "하나님, 오늘 K 집사를 만났습니다. 그런데 그와 대화하면서 제 안에 분노가 치밀어 올랐습니다. 하나님, 왜 그랬을까요?"라고 여쭈어 보면서 주님 앞에서 당시의 상황을 들여다보십시오. 아마도 당시의 대화 장면, 오고 가는 대화의 내용, 당시의 내 마음 상태 등이 머릿속에 떠오를 것입니다. 분을 내는 마음속에 상대방을 조금도 용납하지 않으려는 내 옹졸함이 비칠 수도 있고, 놀랍게도 자존심을 세우는 내 모습이 보일 수도 있습니다.

 이러한 과정을 일컬어 '의식 성찰'이라고 합니다. 이 기도는 한 걸음 떨어져서 문제를 바라보게 해 줍니다. 물론 의식 성찰 자체는 치유가 아닙니다. 다만 문제로부터 거리를 둠으로써 문제에 휘말리지 않게 해 주고, 마치 의사가 환자의 환부를 살피면서 예리하게 분석하고 진단하듯 자신의 심리 상태를 진단할 수 있게 해 줍니다. 그런데 신기하게도 문제를 깨닫는 순간 분노, 증오, 서운함, 아쉬움, 그리고 용서하지 못하는 마음으로부터 어느새 멀리 있는 자신을 발견하게 됩니다.

그러고 나서 그 마음을 주님께 올려 드리십시오. "하나님, 제가 K 집사에게 자존심을 세우고 있었습니다. 저를 어떻게 해야 합니까?" 이처럼 하나님께 문제를 내어놓고 대화하는 가운데 주님의 만지심을 체험하는 데까지 나아가게 됩니다. "내가 너를 세상의 그 누구보다 존귀하게 여기는데, 아직 미성숙한 K 집사에게 너를 좀 낮춰 주면 안 되겠느냐?"하는 주님의 권고를 들을 수 있을지도 모릅니다. 그리고 마침내 묶인 데서 풀려나는 것입니다.

우리 마음은 신비의 세계입니다. 그런데 세상의 번잡스러운 것들에 의해 혼탁해졌습니다. 이런 마음이 기도를 통해 거품과 불순물들이 하나둘씩 제거되면서 점점 맑아집니다. 온전히 정화되지는 않지만 내 속에 있는 것들을 들여다볼 수는 있게 됩니다. 이 모든 작업이 성령의 내적 역사에 의해 이루어집니다.

처음부터 뿌리째 뽑아 달라고 기도하는 것은 지나칩니다. 도저히 용서할 수 없을 것 같은데도 무조건 용서하게 해 달라고 기도하는 것은 교만이요, 영적 환상입니다. 내 영은 아직 누구를 용서할 수가 없는데 자신의 의지로 용서하게 해 달라고 간구한다면 그 기도는 공중에 떠 버립니다. 물론 그 기도에는 성령께서 강권적으로 역사하셔서 자신의 의지를 바꾸어 달라는 뜻이 담겨 있을 것입니다. 하지만 상대방을 용서할 수 없는 내 마음의 상처는 전혀 해결되지 않은 상태이지 않습니까?

단지 용서의 문제만이 아닙니다. 삶에 납득되지 않는 문제가 반복해서 일어난다든가 지금 내 삶에 이루어진 하나님의 처사가 도무지 이해되지 않는 경우가 얼마든지 있을 수 있습니다. 그때는 성령께서 내 안에서 일하셔서 나를 치유하고 회복시키셔서 문제에서 건져 주셔야 합니다. 기도를 통해 이런 일이 이루어집니다.

가장 정직한 기도가 치유를 가져옵니다.

《기도》의 저자 리처드 포스터는 시편 기자의 기도를 제안합니다. 하나님 앞에 자신의 마음을 다 토해 놓는 것입니다. 하나님 앞에서 자기 안의 부정적 에너지를 먼저 쏟아 내는 것입니다.

흔히 우리는 아주 고상하고 신앙적이며 잘 정돈된 마음으로 하나님 앞에 나아가야 한다고 생각합니다. 그러나 시편의 기도는 그렇지 않습니다. 시편 기자들은 자신들의 내면에 흐르는 영적 기류를 정직하게 토해 놓았습니다. 그것이 독한 것이면 독한 마음으로, 분이 터지는 것이면 분한 마음으로, 서운한 것이면 서운한 마음으로, 발버둥 치지만 잘 안 되어 답답한 것이면 답답한 마음으로 나아갔습니다.

생에 많은 고난을 겪었던 시편 기자들은 '거룩하게 불평하는 법'을 알았습니다. 고뇌하고, 좌절하고, 입술로 표현할 수 없는 수많은 고통의 감정들을 기도로 쏟아 냈습니다. 하나님을 경외하는 마음뿐 아니라 심지어 하나님에 대한 서운함, 의구심도 표현했습니다.

"내가 찬양하는 하나님이여 잠잠하지 마옵소서"(시 109:1).

이처럼 끈질기게 소망하는 성도의 기도에 응답하지 않으시는 하나님에 대해 절망하는 마음도 그대로 표현했습니다. 다윗의 시편 기도를 보십시오. 다윗은 고상한 신사처럼 기도하지 않았습니다. 반대로 아버지 앞에 응석 부리는 아들처럼 하나님 아버지께 자신을 아프게 하는 사람에 대한 분노를 쏟아 냈습니다. "내 원수의 목전에서 내게 상을 베푸시고, 나를 해한 자를 절대로 용서하지 마소서"라고 기도했습니다(시 23:5). 이것은 얼핏 보면 거룩한 백성인 성도가 할 수 있는 기도가 아닌 것 같습니다. 그럼에도 다윗의 기도는 그렇게 시작합니다.

그런데 그 기도가 중간 지점에 가면 하나님과 자신의 문제를 놓고 씨름하는 방향으로 전환합니다. 결국 시편의 끝, 즉 기도 과정의 마지막은 하나님 앞에서 자기 마음이 정리되어 그분 앞에서 승리와 찬양과 개가를 부르면서 원수를 위해 기도하는 것으로 마무리됩니다. 기도를 통해 하나님과 대화하면서 성령의 만지심으로 내면이 치유되고 회복된 것입니다. 하나님은 이렇게 자기 백성의 정직한 기도를 통해 대화하시면서 우리를 치유하십니다.

기도는 기도하는 사람 자신을 바꾼다

기도 생활이 주는 가장 큰 유익 중에 하나는 기도를 많이 할수록 자기 안의 좋지 않은 기질을 다스릴 수 있게 된다는 것입니다. 저는 혈액형이 O형입니다. 한국 사람 중에는 O형이 제일 많다고 합니다. O형의 특징은 의협심이 대단히 많다는 것입니다. 불의를 참지 못해서 대단히 행동 지향적입니다. 우스갯소리로 전쟁이 나면 제일 먼저 나가서 총 맞아 죽는 사람이 O형이라고 합니다.

문제는 통제되지 않는 혈기가 많을 가능성이 높다는 것입니다. 저도 굉장히 혈기가 많은 사람이었습니다. 그런데 정작 저 자신은 그 사실을 전혀 깨닫지 못했습니다. 문제로 생각하지도 않았습니다. 단순히 '남자가 다 그렇지!'라고 생각했을 뿐입니다.

그런데 이상하게도 예수님을 믿고 나서 보니 이것이 문제가 되었습니다. 말씀에 비추어 제 성품과 인격, 삶의 패턴을 들여다보니 이전에 보이지 않던 약점이 보이기 시작했고 죄인임을 고백하지 않을 수 없었습니다. 마치 제 마음이 겉보기에는 맑은 물 같으나 막대기로 휘저으면 가라앉았던 온갖 찌꺼기가 올라와 더러운 구정물 같았습니다. 예수님을 믿고 나서 하나님은 말씀의 막대기로 휘저어 제 온갖 찌꺼기를 보게 하셨고, 본격적으로 도전하셨습니다. 그러던 중 야고보서 1장 20절을 읽게 되었습니다.

"사람이 성내는 것이 하나님의 의를 이루지 못함이라."

하나님은 "혈기 부리지 마라. 무릇 혈기를 부리게 되면 너는 하나님의 의를 이루지 못할 것이다"라고 말씀하고 계셨습니다.

제가 어떻게 하면 혈기를 조절할 수 있을지 진지하게 고민하는 중에 어떤 분이 금식을 권했습니다. 실제로 금식은 혈기를 죽이는 힘이 있습니다. 또 다른 방법은 이를 놓고 기도하는 것이라고 했습니다. 기도를 깊이 하고, 기도 속에서 혈기를 죽일 수 있도록 자기 영혼을 계속 정화해 나가는 작업을 하라고 했습니다.

이때부터 저는 날마다 기도할 때면 성령의 아홉 가지 열매를 맺게 해 달라고 기도했습니다. 주님이 기도에 응답해 주셨고, 지금도 계속해서 응답해 주시고 있습니다.

요즘 성도들에게 제 혈액형을 맞혀 보라 하면 열 명 중에 여덟 명은 A형 아니면 B형이라고 이야기합니다. O형이라고 이야기하는 사람은 많지 않습니다. 이만하면 성공했다는 생각이 듭니다. 부족하지만 기도의 열매로 인해 사람들 앞에 혈기가 먼저 나타나지는 않는다는 뜻일 테니 말입니다.

성도들 중에 자신이 원하는 대로 일이 풀리지 않으면 혈기를 부리는 분들이 있습니다. 부부 간에, 주변 사람들에게 욱하고 절제되지 않는 혈기를 쏟아 내는 분들이 있다면 그냥 두지 말고 혈기를 죽여 달라고 기도하십시오. 그러면 하나님이 기도를 통해 바꾸어 주십니다. 이처럼 기도는 안 좋은 기질을 다듬어 줍니다.

기도는 세상을 바꾸는 능력이 있다

기도만 한다고 해서 세상이 바뀌는 것은 분명히 아닙니다. 하지만 세상은 기도하는 사람으로 인해 바뀌기 시작합니다. 다른 일은 아무것도 안 하는 사람같이 무릎 꿇고 중보 기도만 하는 분들이 있습니다. 어떤 사람은 그들이 행동은 하지 않고 골방에서 기도만 한다고 가볍게 봅니다. 그러나 그렇게 보아서는 안 됩니다. 중보 기도 하시는 분들은 무릎 꿇고 기도하는 골방에서 하나님과 씨름하면서 세계를 바꾸고 있는 중이기 때문입니다. 하나님이 마음을 바꾸시면 세계는 바뀔 수 있는 것입니다.

이것이 사실이라면 내가 당장은 이 척박한 현실 앞에서 무엇을 어떻게 해야 할지 알지 못해도, 내 기도가 하늘에 상달되었기 때문에 하나님이 기도를 들으시고 이 세상을 고치신다는 것을 기억해야 합니다.

느헤미야 1장을 보면, 페르시아에서 타국 생활을 하던 느헤미야는 늘 두고 온 조국을 걱정하면서 살았습니다. 어느 날 그는 예루살렘 땅에 살고 있던 형제 하나니에게서 고국의 형편에 대해

청천벽력 같은 말을 듣게 되었습니다. 성문이 파괴되고 성벽은 훼파되었다고 했습니다.

느헤미야는 이 소식을 듣고 슬피 울며 금식하고 기도의 자리로 나아갔습니다. 그는 자기가 배워 온 언약의 하나님이 이스라엘 백성을 처음 가나안 땅에 세우실 때 주신 신명기의 약속의 말씀을 붙들고 하나님을 움직이는 위대한 씨름을 시작했습니다. 그리고 40일 기도 끝에 하나님의 응답이 떨어졌습니다. 바로 느헤미야 자신이 기도의 응답이었습니다.

하나님은 환경을 먼저 바꾸시지 않았습니다. 느헤미야가 기도했던 고국 땅을 능력으로 회복시켜 주시지 않았습니다. 기도자의 기도를 들으시고, 그를 통해 그 땅을 고치기 시작하셨습니다. 느헤미야로 하여금 유대의 총독으로 임명되게 하시고, 고향 땅으로 돌아가서 무너진 성벽을 세우게 하셨으며, 성전을 중건하게 하심으로 그의 기도에 응답하셨습니다. 세상을 보고 아파하는 기도자의 기도를 통해 그 사람을 준비시키시고, 그를 통해 세상을 바꾸심으로 응답하신 것입니다.

기도의 폭이 신앙의 폭이다

그리스도인으로서 신앙의 수준을 확인하려면 그가 어떤 내용으로 기도하는가를 보면 됩니다. 기도 가운데 자신을 위해 달라는 기도가 더 많은지, 아니면 내면의 치유를 위해 온전한 자아상을 갖게 해 달라는 기도를 더 많이 하는지 살펴보면 알 수 있습니다. 또한 내 기도 제목이 많은지, 중보 기도 제목이 많은지 구별해 보면 됩니다.

신앙이 깊어지면 점점 하나님에 대한 신뢰가 깊어지기 때문에 나 자신을 위해 구할 것들은 갈수록 적어집니다. 그리고 주변 사람들의 아픔, 민족이 당하는 고통, 이 사회를 바라보면서 그리스도인으로서 갖게 되는 안타까움과 소망과 비전을 놓고 기도하는 시간이 더 많아집니다. 그러한 중보 기도는 하나님의 영광과 하나님 나라와 직접 관련되는 것이기 때문에 하나님이 반드시 들으십니다.

욕구 몰입형 기도에서 온전한 사람으로 치유되고 회복을 바라는 기도로, 나를 위한 기도에서 이웃과 공동체와 나라와 민족과 세계를 위하는 기도로, 기도의 폭이 넓어지는 은혜가 임하기를 바랍니다.

성도의 교제

생각하며 읽기

1. 성도 간의 사귐과 나눔은 교회가 존재하는 목적 중 하나임을 압니다.
2. 성도는 구체적으로 어떻게 교제해야 하는지 알아봅시다.

교회 생활의 기본자세 가운데 예배와 말씀과 기도는 하나님과의
관계와 관련이 있습니다. 이 관계가 온전히 설 때 우리의 신앙은
한 단계 더 나아가게 됩니다. 곧 형제자매와의 관계로 나아가는
'교제'입니다. 이것을 일컬어 '코이노니아'(koinonia)라고 합니다.
여기서 형제자매란 예수님을 주로 고백하며 믿는 형제와 자매를
의미합니다. 그래서 엄격한 의미에서 코이노니아는 세상 사람들

과의 교제가 아니라 그리스도 안에서 맺어진 관계 사이의 교제를
뜻합니다.

> "내가 너희를 생각할 때마다 나의 하나님께 감사하며 간구할 때마
> 다 너희 무리를 위하여 기쁨으로 항상 간구함은 너희가 첫날부터
> 이제까지 복음을 위한 일에 참여하고 있기 때문이라"(빌 1:3-5).

빌립보교회는 아주 작은 교회였습니다. 고린도교회처럼 은사
가 많은 교회도 아니요, 베뢰아교회처럼 말씀을 많이 묵상해서
칭찬받은 교회도 아니었습니다. 그런데 바울은 "내가 예수 그리
스도의 심장으로 너희 무리를 얼마나 사모하는지 하나님이 내 증
인이시니라"(빌 1:8)라고 말할 정도로 빌립보교회를 사랑했습니
다. 빌립보교회에는 복음 안에서 늘 형제자매 사이에 아름다운
교제가 있었기 때문입니다.

형제자매 간의 사랑

교회의 존재 목적은 크게 세 가지로 볼 수 있습니다. '성도의 영
적 성장의 터전', '성도 간의 사귐과 나눔', 그리고 '세상을 향한 봉
사'입니다.

무엇보다 교회는 교회 자신인 성도의 영적 성장을 위해 존재합니다. 성경적으로는 건물이 교회가 아니고 성도 각 사람이 하나님 앞에서 교회입니다. 에베소서 2장 22절은 "너희도 성령 안에서 하나님이 거하실 처소가 되기 위하여 그리스도 예수 안에서 함께 지어져 가느니라"라고 말합니다. 성도들은 하나님이 거하시는 처소 즉 교회가 되기 위해 같이 지어져 갑니다.

그렇다면 우리 한 사람 한 사람은 하나님이 보실 때 매우 소중한 존재입니다. 이런 이유에서 교회는 경영 단체가 되어서는 안 됩니다. 교회가 건물의 형태와 조직만 가진 채 성도들의 영혼 성장과 교회 공동체가 아름다운 건물로 지어져 가는 일에는 무관심하고 각종 사업이나 사역에만 신경을 써 성도들의 영혼을 고갈 상태로 내몬다면, 그 교회는 하나님의 일을 하는 것이 아니라 비즈니스를 하고 있는 것입니다. 교회의 최중심에는 성도들 한 영혼 한 영혼의 성장과 성숙에 대한 관심이 존재해야 합니다. 이것이 바로 교회의 본질입니다.

또한 교회는 성도 간의 사귐을 위해 존재합니다. 고린도전서 6장을 보면 고린도교회에 문제가 생겼습니다. 형제 사이에 싸움이 일어나 법정까지 가게 된 것입니다. 바울은 이 이야기를 듣고는 격양된 어조로 편지를 써 내려갔습니다.

"너희 중에 누가 다른 이와 더불어 다툼이 있는데 구태여 불의한 자들 앞에서 고발하고 성도 앞에서 하지 아니하느냐 성도가 세상을 판단할 것을 너희가 알지 못하느냐 세상도 너희에게 판단을 받겠거든 지극히 작은 일 판단하기를 감당하지 못하겠느냐 … 그런즉 너희가 세상 사건이 있을 때에 교회에서 경히 여김을 받는 자들을 세우느냐 내가 너희를 부끄럽게 하려 하여 이 말을 하노니 너희 가운데 그 형제간의 일을 판단할 만한 지혜 있는 자가 이같이 하나도 없느냐 형제가 형제와 더불어 고발할 뿐더러 믿지 아니하는 자들 앞에서 하느냐"(고전 6:1-2, 4-6).

바울은 성도 간의 관계는 세상의 그 어떤 관계와도 구별된다는 인식을 가지고 있었습니다. 성도는 예수 그리스도의 피를 나눈 형제요 자매이기 때문에 교회 안에서 일어난 어떤 일로도 세상 사람들 앞에서 재판을 받는 일이 없어야 한다고 말했습니다. 그리스도인으로서의 자존심이요, 육의 피보다 더 진한 영적 피를 나눈 형제자매에 대한 사랑 때문입니다.

"너희가 피차 고발함으로 너희 가운데 이미 뚜렷한 허물이 있나니 차라리 불의를 당하는 것이 낫지 아니하며 차라리 속는 것이 낫지 아니하냐"(고전 6:7).

세상 법정에서 시시비비를 가리려고 하는 순간부터 이미 성도

간에는 잘한 사람도 없고 잘못한 사람도 없으며, 더 잘한 사람도 없고 덜 잘못한 사람도 없다는 것입니다. 형제자매를 서로 치고 받으려는 순간, 이미 형제자매로서의 신의를 하나님 앞에서 깨뜨려 버린 것이기 때문입니다. 차라리 내가 불의를 당하고 속고 매 맞고 침묵하고 억울함을 당하는 길을 선택하는 것, 그리고 골방에 들어가서 기도의 자리에 앉는 것이 바로 그리스도인으로서 추구해야 할 바른 자세임을 바울은 가르쳐 주고 있습니다.

제가 공부를 마치고 귀국한 후 저희 가족이 한동안 로스앤젤레스에 머문 적이 있습니다. 당시 가족은 부에나 파크(Buena park)에 있는 감사한인교회를 다녔는데, 참으로 좋은 교회였습니다. 교회 안에 여러 좋은 소문이 돌고 있었습니다. 그중에 하나를 소개하고 싶습니다.

교회 집사님 두 분이 서로 금전 거래를 했습니다. A 집사님이 B 집사님에게 급전을 빌리게 된 것입니다. 그런데 갚을 때가 되었는데도 A 집사님이 돌려 드릴 형편이 되지 못해 그만 차일피일 미루게 되었습니다. 돈을 빌려준 B 집사님 또한 형편이 넉넉한 편이 아니라 돈을 받지 않으면 사업이 힘들어지는 상황에 처했습니다. 결국 법정에 민사 소송을 하기 직전까지 가게 되었습니다.

이를 안 담임목사님이 B 집사님 댁을 심방해 그분 손을 꼭 잡고 이렇게 말했다고 합니다. "집사님! 소송 포기하세요. 믿는 형제간에 세상 법정으로 가는 것은 하나님이 기뻐하시지 않습니다." 평소 존경하는 목사님의 진정성과 안타까움이 묻어 나오는 그 말씀이 집사님의 가슴에 꽂혔습니다. 집사님은 눈물을 펑펑 흘리면서 목사님의 말씀을 따르기로 결심했습니다.

역사는 그 뒤에 일어났습니다. 돈을 돌려받지 못하니 사업이 망하고 길거리에 나앉게 되었습니다. '도대체 뭐하고 살아야 하는가?' 생각하던 중 번쩍 어떤 생각이 스쳐 지나갔습니다. '고기 뷔페를 하면 어떨까?' 미국은 소고기가 싸니 좋은 중간업자를 만나 적은 이윤으로 많이만 팔 수 있다면 괜찮겠다는 생각이 들었습니다. 이 아이디어는 적중했고, B 집사님이 차린 고기 뷔페집은 로스앤젤레스에 여러 체인점을 낼 정도로 대박을 터뜨리게 되었습니다. 당연히 하나님이 하신 일입니다. 하나님의 뜻에 순종해 형제애를 지킨 자에게 베푸신 하나님의 은혜였던 것입니다.

하나님은 사랑하는 자녀들 간에 일어나는 불화를 기뻐하지 않으십니다. 그리고 세상 법칙을 따르지 않고 형제자매 간의 도리를 지킨 자들에게 은혜를 내려 주십니다. 바울의 가르침은 오늘날 우리가 받아들이기에는 굉장히 부담스럽게 느껴질 수 있습니다. 그럼에도 불구하고 우리는 바울의 권면에서 성도 간의 교제에 대한 깊다 못해 비장하기까지 한 뜻이 무엇인지 읽을 수 있어야 합니다. **바울은 말로 표현할 수 없는 일종의 신비와 경외감을 가지고 형제자매를 대했던 것입니다.**

그리스도인들이 어떻게 서로 사랑하며 살아가는지, 어떻게 행복을 누리며 살아가는지, 세상 사람들이 가지지 못한 진정한 평화를 어떻게 누리며 살아가는지를 세상 사람들에게 보여 주는 것이 바로 교회의 목적이요, 존재 이유입니다. 예수님은 "너희가 서로 사랑하면 이로써 모든 사람이 너희가 내 제자인 줄 알리라"(요 13:35)라고 말씀하셨습니다. 그리스도의 제자로서의 정체성은 바로 성도 간의 사랑에 있다는 뜻입니다.

교제는 하나 되는 사귐이다

"보라 형제가 연합하여 동거함이 어찌 그리 선하고 아름다운고 머리에 있는 보배로운 기름이 수염 곧 아론의 수염에 흘러서 그의 옷깃까지 내림 같고 헐몬의 이슬이 시온의 산들에 내림 같도다 거기서 여호와께서 복을 명령하셨나니 곧 영생이로다"(시 133:1-3).

시편 133편은 성전에 올라가면서 부르는 노래입니다. 이스라엘 백성은 디아스포라가 되어 지중해 전역에 흩어져 살았습니다. 그들은 비록 흩어져 살았지만 하나님 앞에서 자신들의 정체성을 지키기 위해 일 년에 세 번 있는 명절 중에서 최소 한 번은 예루살렘 성전으로 올라갔습니다. 그들은 그 한 번의 축제를 위해 나머지 날들을 얼마나 가슴 설레며 보냈는지 모릅니다.

예루살렘은 해발 약 750m 고지에 있습니다. 디아스포라들이 시편 133편의 노래를 부르며 성전을 향해 올라가는 모습을 상상해 보십시오. "일 년 동안 이 노래를 부르며 예루살렘 성전을 향해 올라가기를 얼마나 고대하며 이방 땅에서 살아왔던가! 형제가 연합하여 동거하는 것이 얼마나 선하고 아름다운고!"

이어지는 그들의 고백은 "머리에 있는 보배로운 기름이 수염 곧 아론의 수염에 흘러서 그의 옷깃까지 내림 같고"(2절)입니다. 언뜻 보면 이해가 잘 안 갑니다. 여기서 기름은 제사장을 안수할 때 쓰는 것으로, 대단히 신성한 기름이기에 너무 많이 뿌려도 너무 적게 뿌려도 안 되었습니다. 머리 위를 적당한 수준으로만 촉촉이 적실 수 있도록 안수하기 전에 미리 훈련을 시켰다고 합니다.

그런데 형제가 연합하여 동거하는 것이 머리에 있는 보배로운 기름이 아론의 수염에 흘러서 그의 옷깃까지 내리는 것과 마찬가지라고 말합니다. 이는 형제가 모여서 함께하는 교제의 깊이를 보여 주는 것입니다. 그리스도인의 교제는 "여기 이 정도까지만 합시다!"라는 경계가 없다는 뜻입니다. **서로의 영혼 깊숙한 곳까지 나눔과 사귐이 흘러내려 가는 것이 바로 형제간의 교제입니다.**

3절은 "헐몬의 이슬이 시온의 산들에 내림 같도다"라고 말합니다. 헐몬 산은 가나안 동북쪽의 아름다운 산입니다. 그에 반해 시온 산은 예루살렘 옆에 있습니다. 헐몬 산에서 시온 산까지의 거리는 약 240km로, 대략 서울에서 대전까지 거리입니다. 우리가 생각할 때에는 얼마 안 되는 거리인 것 같지만, 이스라엘로 보면 북쪽 끝에서부터 남쪽 중간까지의 거리입니다.

시편 기자는 형제가 연합하여 동거하는 것이 헐몬 산의 이슬이 시온 산에 내리는 것과 같다고 말합니다. 생각해 보십시오! 헐몬 산의 이슬은 헐몬 산의 소유입니다. 시온 산의 이슬은 시온 산의 소유입니다. 헐몬 산의 이슬은 당연히 헐몬 산에 내리기 때문에 시온 산이 헐문 산의 이슬을 받아들일 수 없습니다. 그런데 형제가 연합하여 동거하는 것은 마치 헐몬 산의 이슬이 헐몬에 내리지 않고 시온에 내리며, 시온이 자기 산의 이슬이 아님에도 이를 받아들이는 것과 같다고 말합니다.

'내 것은 내 것이고, 네 것은 네 것이다'라는 것이 세상 사람들의 일반적인 생각입니다. 경계가 분명합니다. 그러나 성도의 교제는 그렇지 않습니다. 헐몬의 이슬이 헐몬의 경계를 넘어 240km의 먼 거리를 지나 시온 산에 내림으로 헐몬과 시온이 하나로 합쳐지는 것입니다. 이것이 바로 성도의 교제입니다. **교제는 성도 각자가 가지고 있는 장벽과 경계를 뛰어넘는 것입니다.**

교회 안에 있는 문화의 장벽, 빈부의 장벽, 세대의 장벽, 지식의 장벽, 그로 인한 심리적인 부담감의 장벽 등 성도를 나누는 많은 장벽을 그리스도를 향한 믿음 때문에, 그리스도 안의 사랑 때문에 훌쩍 뛰어넘는 것입니다. 그것이 헐몬의 이슬이 시온에 내린다는 말씀의 의미입니다. 형제가 모여 서로 동거함의 의미입니다.

교제는 물질의 나눔이다

교제는 다양한 벽을 넘어 사귀는 것뿐만 아니라 내가 가진 물질을 나누는 것입니다. 즉 영적 사귐과 물질의 나눔을 합해서 교제라고 말합니다.

경제적으로 큰 어려움을 당한 분을 보면 우리는 흔히 이렇게 말합니다. "성도님, 제가 기도하겠습니다. 힘내십시오!" 그런데 여기에 신앙의 함정이 있습니다. 경제적인 어려움을 외면한 채 드리는 중보 기도는 온전한 영적 사귐이 될 수 없습니다. 기독교적 교제는 물질을 필요로 하는 사람을 향한 적절한 나눔을 요청합니다. 즉 경제적 어려움에 처한 형제자매를 실질적으로 돕는 작은 행동이 따라 주어야 참교제라고 할 수 있습니다.

대천덕 신부님은 이와 관련해 '물만두 교제'라는 재미있는 이미지를 제시하셨습니다. 물만두가 만두피와 만두소로 구성되어 있듯이, 그리스도인의 참된 교제는 만두소에 해당하는 영적 사귐의 마음을 경제적 나눔이라는 만두피에 담아 전달함으로써 이루어진다는 것입니다. 사도행전 2장과 4장은 초대교회 때 바로 이 물만두 교제가 이루어졌다고 증언합니다.

"믿는 사람이 다 함께 있어 모든 물건을 서로 통용하고 또 재산과 소유를 팔아 각 사람의 필요를 따라 나눠 주며"(행 2:44-45).

성령께서 각 사람 안에 들어오시니 하나님 한 분만으로도 진정한 영적 만족감이 형성되었습니다. 그래서 모든 성도 간에 "자기 재물을 조금이라도 자기 것이라 하는 이가 하나도 없더라"(행 4:32)라고 성경은 기록하고 있습니다. 이것이 성도의 참된 교제입니다.

우리는 액수의 많고 적음과 상관없이 어려운 자를 도와주어야 합니다. 그가 지금 어려운 상황에 처해 있다는 것을 모르고 있다면 어쩔 수 없지만, 내가 알게 된 이유는 '그의 형편을 외면하지 말라'라는 하나님의 뜻이 임한 것이라고 믿어도 됩니다. 이때 주의할 점이 있습니다. 하나님은 우리가 상대방을 돕되, 그의 자존심을 상하게 하지 않도록 지혜를 발휘하기 원하십니다. 이를 위해 대부분의 교회에는 목적 헌금이라는 제도가 있습니다. 무기명으로 특정인에게 헌금할 수 있도록 한 것입니다. 주일에 드린 목적 헌금은 주초에 무기명으로 상대방에게 전달됩니다. 교회를 거쳐 무기명으로 어려운 이웃을 도왔기에 도움을 받은 사람은 누가 도왔는지 알 수 없습니다. 도움을 받은 사람은 자연히 모든 영광과 감사를 하나님께 돌릴 것입니다. 아울러 오른손이 한 일을 왼손이 모르게 한 우리는 사람에게 칭찬받는 대신 하늘에 더욱 큰 보화를 쌓게 됩니다.

예수님을 믿는 공동체가 얼마나 위대한지요! 이것이 바로 예수님을 믿는 공동체인 교회를 일컬어 '하나님 나라의 표상'이라고 말하는 이유입니다. 하나님 나라가 무엇인지 아직 명확히 손에 잡히지 않으나 교회를 보면 어렴풋이 알 수 있다는 뜻입니다.

주님은 교회가 얼어붙은 세상 한복판에 하나님 나라의 표상으로 드러나기를 원하십니다. 안타깝게도 오늘날 그리스도인들은 교제 속에 담긴 교회의 본질을 너무나 많이 상실해 버렸습니다. 교회가 하나의 조직, 기구, 제도, 영적 비즈니스가 되어 버려 교회를 진정 교회 되게 하는 사귐의 소중함을 잃어버렸습니다.

우리는 "차라리 속으라!"라는 바울의 말(고전 6:7)을 기억해야 합니다. 어떤 일이 있더라도 분쟁하면 안 됩니다. 세상은 끊임없이 벽을 만들지만, 교회는 세상이 만든 벽을 허물어야 합니다. 서로 가진 것을 나눌 수 있어야 합니다. 세상은 아홉 개의 포도원을 가진 자가 한 개의 포도원으로 생계를 이어 가는 사람의 것까지 빼앗으려 하지만, 교회와 성도는 자신이 가진 것을 나누어 써야 합니다. 강한 자가 약한 자의 약점을 감당하고, 약한 자는 강한 자의 섬김에 감사해야 합니다.

교회의 아름다운 사귐을 통해 하나님은 세상에 말씀하실 것입니다. "얘들아! 하나님 나라가 어떤 것인 줄 아느냐? 바로 내 아들의 피로 세운 저 교회를 보면 안다!" 하나님이 보여 주신 교회의 비전은 크고 놀랍고 위대하고 아름다운 것입니다. 주님의 교회가 진실한 교제를 통해 하나님의 비전을 회복하기를 소망합니다.

10

전도하기

생각하며 읽기

1. 우리가 복음을 전해야 하는 이유를 알아봅시다.
2. 전도할 때에 우리는 어떤 마음을 품어야 합니까?

예배와 기도와 말씀을 통해 하나님과의 관계가 회복된 성도는 이제 교제를 통해 형제자매와의 관계로 나아갑니다. 하나님은 교제를 통해 세상 그 누구와도 나눌 수 없는 아름다운 사귐을 가진 자들을 다시 세상 한복판으로 보내십니다. 그들이 이미 누리고 있는 이 놀라운 복음을 아직 알지 못하는 사람들에게 전하게 하기 위해서입니다. 이를 일컬어 전도라 합니다.

우리가 그리스도와 복음을 전해야 하는 이유를 구약과 신약은 이렇게 말씀합니다.

복음을 전하는 이유

내 손에 피를 묻히지 않기 위해

> "인자야 내가 너를 이스라엘 족속의 파수꾼으로 세웠으니 너는 내 입의 말을 듣고 나를 대신하여 그들을 깨우치라 가령 내가 악인에 게 말하기를 너는 꼭 죽으리라 할 때에 네가 깨우치지 아니하거나 말로 악인에게 일러서 그의 악한 길을 떠나 생명을 구원하게 하지 아니하면 그 악인은 그의 죄악 중에서 죽으려니와 내가 그의 피값 을 네 손에서 찾을 것이고"(겔 3:17-18).

하나님은 이스라엘 백성을 망대에 올라 새벽이 오는 것과 적군 이 쳐들어오는지를 살펴 백성에게 알려 주는 파수꾼으로 세우셨 다고 말씀하십니다. 하나님은 우리 그리스도인들도 하나님 일의 파수꾼으로 세상에 보내셨습니다. 그래서 누군가에게 "그 사람은 지금 그대로 가면 망해!"라고 말씀하시며 우리를 통해 알려 주시 고자 합니다.

만약 우리가 그 사람을 찾아가 하나님의 뜻을 전하지 않으면 어떻게 될까요? 아마 그는 가던 대로 가다가 망할 것입니다. 그런데 하나님의 말씀에 의하면, 하나님이 그 피값을 누구에게서 찾겠다고 하십니까? 하나님의 뜻을 전하지 않은 파수꾼인 우리에게서 찾겠다고 말씀하십니다. 굉장히 심각하고 섬뜩한 말씀입니다.

구약성경에서는 우리가 그리스도를 전해야 하는 이유가 악인의 피를 내 손에 묻히지 않기 위해서라고 말합니다. 하나님은 우리에게 그리스도를 믿지 않고 세상 속에 젖어 있으면 결국은 사망과 멸망뿐이라고 분명히 경고하셨습니다. 그렇다면 그들의 피를 내 손에 묻히지 않기 위해서라도 복음을 증거해야만 합니다. 하나님이 "살고 싶으면 전도해라!" 하고 노골적으로 말씀하시는 것입니다.

복음에 빚진 자이기에

신약성경에서 바울은 이 부분을 조금 다르게 보기 시작합니다.

> "헬라인이나 야만인이나 지혜 있는 자나 어리석은 자에게 다 내가 빚진 자라 그러므로 나는 할 수 있는 대로 로마에 있는 너희에게도 복음 전하기를 원하노라"(롬 1:14-15).

구약에서 예언자들은 죄인에게 갈 화가 자신에게 미치지 않게 하려고 복음을 전했습니다. 동기가 자신에게 있는 것입니다. 반면에 신약에서는 빚진 자이기 때문에 복음을 전했습니다. 즉 전도자 자신들이 하나님께 사랑의 빚을 진 자이기 때문에 그 빚을 갚기 위해서 하나님이 죽기까지 사랑하신 사람들에게 복음을 전해야 한다고 생각한 것입니다.

바울은 자신감이 투철했습니다. 그리고 자신감에 걸맞게 실력이 차고 넘쳤습니다. 유대인 중의 유대인이요, 바리새인 중의 바리새인이었으며, 당시의 율법학자 중에서는 최고의 대학자였던 가말리엘의 문하에서 공부했습니다. 그는 유대인이지만 헬라어에 능통했습니다. 그래서 유대인의 세계와 헬라인의 세계를 함께 이해하고 있었습니다.

이런 바울은 처음에 예수님을 믿었을 때는 하나님에 대한 자신감으로 꽉 차 있었다고 볼 수 있습니다. 그래서 사도행전을 보면 바울은 다메섹 도상에서 눈이 먼 후 아나니아의 안수 기도를 받고 눈에서 비늘이 벗겨진 순간부터 복음을 전했습니다. 그는 머뭇거릴 이유가 없었던 것입니다.

그러나 바울은 여러 차례 복음 때문에 고난을 받으면서 자신이 여태 알지 못했던 약한 부분이 자기 속에 너무 많다는 것을 알게 되었습니다. 그는 이렇게 탄식했습니다. "나는 내가 잘나고 똑똑하고 훌륭해서 하나님이 쓰시려고 나를 구원하신 줄 알았는데, 내 속에 있는 것들을 들여다보면 들여다볼수록 나는 형편없고 망가진 인간이었구나. 오호라, 나는 곤고한 존재로다. 누가 나를 이

사망의 몸에서 건져 내랴!"

아마도 바울은 자신의 약한 부분을 놓고 "하나님, 왜 이렇게 못난 자를 부르셨습니까?"라고 기도했을 것입니다. 그리고 아마도 하나님은 그 부분에 대해서는 바울에게 별 말씀을 하지 않으시고, 단지 "내가 너를 사랑하기 때문이다"라고 답하셨을 것 같습니다.

이제 바울이 복음을 전하는 이유가 바뀌었습니다. '내가 하나님께 감당할 수 없는 사랑의 빚을 졌구나. 내 속에 있는 깊은 교만과 이기심, 헛된 명예욕 때문에 진정한 하나님의 영광을 좇아가지 못했던 나를 붙드셔서 이제 사람 구실을 하게 만들어 주셨구나.' 바울은 복음 때문에 자기 인생이 완전히 변화된 것이 매우 감사해서 자원하는 마음으로 복음을 전한 것이었습니다. 그리고 그는 힘들고 어려울 때마다 "나는 복음에 빚진 자다"라고 이야기했습니다.

구약 시대에는 살기 위해 복음을 전했다면, 신약 시대에는 하나님이 나에게 주신 사랑이 감사해서 사랑에 빚진 자가 되어 복음을 전하는 것입니다.

전도하는 자의 두 가지 마음가짐

자신이 경험한 은혜를 나누어야 한다
복음은 교리를 전하는 것이 아니라, 먼저 자신이 경험한 하나님의 은혜를 전하는 것입니다. 따라서 내 속에 하나님과 만난 증거가 확실히 있어야 합니다. 자신이 경험한 하나님의 은혜를 전할 때 믿지 않던 사람들의 눈이 번쩍 뜨이게 됩니다.

한국 교회의 일반적인 전도법은 《사영리》를 이용한 전도입니다. 저도 처음에 《사영리》를 통해 복음을 들었습니다. 하지만 그 당시 들은 복음은 그저 딱딱한 교리에 불과했고, 제 귀에 하나도 들리지 않았습니다. 제가 듣고 싶었던 것은 "당신은 예수님을 믿고 어떻게 바뀌었습니까? 기독교 복음이 진정 생명의 종교, 생명의 신앙이라면 당신 속에 지금 역사하고, 경험되는 하나님은 어떤 분이십니까?"라는 질문에 대한 답이었습니다.

결국 저는 한 신실한 그리스도인의 삶과 그 속에서 역사하시는 하나님의 증거를 통해서 예수님을 알게 되었습니다. 교리를 통해서 예수님을 알게 된 것이 아니었습니다.

전도를 하기 위해서는 날마다 하나님을 경험하면서 살아야 합니다. **전도하는 삶이란 자신이 경험한 하나님의 은혜를 믿지 않는 사람들에게 전하면서 살아가는 삶을 말합니다.** 그들이 진정 듣고 싶어 하는 것은 살아 계신 하나님을 경험한 이야기입니다. 이 부분에서는 하나님의 뜻이 명확합니다.

믿지 않는 사람들은 자신들이 얼마나 황망한 가운데 살아가고 있는지 알고 있습니다. 그들은 그것이 참된 삶이 아니라는 것을 알고 있습니다. 저 또한 그러했습니다. 신앙을 갖지 않은 가운데서도 제 영은 이렇게 사는 것이 참인생이 아니라는 것을 알아차리고 있었습니다. 그렇지만 누구도 제게 생명의 길이 어디 있는지 가르쳐 주지 않았습니다.

저를 사랑한 한 친구가 찾아와 가끔 예수님에 대해 이야기했지만 당시에는 귀에 들어오지 않았습니다. 그 친구가 경험한 생명을 이야기한 것이 아니었기 때문입니다. 하나님을 믿는 것이 얼마나 행복하고 놀라운 기적이며, 그것이 어떻게 새로운 삶을 살게 만드는지를 이야기한 것이 아니었기 때문입니다. 그는 그저 자신이 믿는 것과 교회 안에서 배운 것을 전달해 주었을 뿐입니다. 저는 그렇게 사느니 제가 살던 방식대로 계속 사는 것이 낫겠다는 생각이 들었습니다.

우리는 믿지 않는 사람들이 오늘도 문밖에서 추위에 떨면서 구원의 문을 애타게 찾고 있다는 사실을 기억해야 합니다. 그들은 우리가 다가오기를 바라고 있습니다. 그런 면에서 그리스도인들은 믿지 않는 사람들의 곤고함과 마음의 공허함을 깊이 연민할 수 있어야 합니다. 그리고 그들에게 다가갔을 때 우리가 예수님을 앎으로써 변하게 된 것들, 그분이 나에게 주신 소중한 것들을 그들이 알아들을 수 있는 말로 이야기해 주어야 합니다. 그것이 바로 전도입니다.

그런 면에서 전도는 그리스도를 믿으며 살아가는 자신의 삶을 나누는 것입니다. 하나님 안에서 변화된 삶을 진솔하고 소박하게 나누고, 믿지 않는 형제자매의 아픔을 깊이 공감하고 그 아픔 속으로 들어가는 것, 여기서부터 상대방이 변하기 시작합니다.

한 영혼에 대한 관심과 사랑이 중요하다

교회에서는 전도를 통해 자신의 신앙이 자란다는 점을 강조합니다. 물론 사실이지만, 그것은 전도를 통해 얻게 되는 부수적인 결과일 뿐 전도해야 하는 첫째 이유가 될 수는 없습니다. 전도는 믿지 않는 한 영혼에 대한 애타는 마음으로 해야 하는 것입니다. 그렇기 때문에 믿지 않는 형제자매에게 그리스도의 복음을 전하는 일에 내 자신과 교회가 걸림돌이 되지 않도록 스스로를 늘 조심히 살펴야 합니다.

이처럼 전도란 철저하게 이타적인 마음과 자기희생 정신을 기반으로 한다고 할 수 있습니다. 그러므로 다른 어떤 동기(개인의 영성 훈련)로 전도한다는 것은 잘못되었다고 할 수 있습니다. 전도는 복음이라는 상품을 파는 것이 아니고 생명을 전하는 것이기 때문입니다. 내 생명의 일부분을 상대에게 준다는 마음으로 전도할 때, 그야말로 그리스도의 도를 전하는 온전한 믿음에 이르게 됩니다.

하나님께 감당할 수 없는 은혜를 입은 사람들로서 교리가 아닌 삶의 증거를 갖고, 인간 영혼에 대한 관심과 사랑으로 그리스도의 도를 전하는 우리가 되기를 바랍니다.

11

봉사하기

생각하며 읽기

1. 예수님은 세상을 섬기도록 우리를 부르셨음을 깨닫습니다.
2. 교회를 교회 되게 하는 기독교 영성의 특징을 살펴봅시다.
3. "교회는 가난하고 소외되고 연약한 자들을 섬기는 사회봉사기관이다."라는 말의 의미를 생각해 봅시다.

"너희 중에 누구든지 으뜸이 되고자 하는 자는 모든 사람의 종이 되어야 하리라 인자가 온 것은 섬김을 받으려 함이 아니라 도리어 섬기려 하고 자기 목숨을 많은 사람의 대속물로 주려 함이니라"(막 10:44-45).

예수님이 이 땅에 오신 이유는 우리를 섬기기 위해서라고 성경은 말합니다. 봉사와 관련해서 이 구절을 곱씹어 봅시다. 모든 교회는 예수님을 주님으로 섬깁니다. 따라서 예수님의 머리 위에 금 면류관 은 면류관을 씌워 드리고, 그분께 성자 하나님만이 받으실 수 있는 영광을 돌려 드리려고 합니다. 그런데 정작 예수님은 "내가 너희에게 온 것은 너희에게 섬김을 받으려 함이 아니라 너희를 섬기기 위해서다"라고 말씀하십니다.

예수님이 우리를 섬기신 이유는 우리가 구원을 얻어 생명을 누릴 뿐만 아니라, 우리가 받은 사랑으로 예수님이 죽기까지 사랑하신 세상과 그 속에 사는 사람들을 섬기게 하시기 위해서입니다. 그런데 안타깝게도 오늘날 교회는 예수님께 받은 사랑을 돌려 드린다고 하면서 신앙의 초점을 예수님께만 고정시키고 있습니다.

예수님을 사랑하지 말라는 이야기가 아닙니다. 우리는 마음과 정성과 뜻을 다해 예수님을 사랑해야 합니다. 그런데 이때 주의할 점이 있습니다. 내 기분과 감정대로 사랑하는 것은 진정한 사랑이 아닙니다. 내가 사랑하는 예수님이 원하시는 의도대로 사랑해야 참사랑이 됩니다. 예수님이 우리를 택해 불러 주셨을 때 그분 속에 있었던 진정한 의도가 무엇인지 알아야 한다는 뜻입니다. 다시 예수님의 의도에 귀를 기울여 보십시오!

"나는 섬김을 받기 위해서 너희를 부른 것이 아니고, 내가 너희를 섬긴 것처럼 너희도 이 세상을 섬기라고 부른 것이다. 그렇기에 나에게 금 면류관 은 면류관을 씌워 주지 않아도 된다. 나는 그것 없이도 자족하고 넉넉하다." 이것이 주님의 진정한 의도입니다.

오늘날 교회가 세상 속에서 때때로 손가락질 받는 이유는 예수님의 의도를 놓치고 있기 때문입니다. 정작 예수님은 관심도 없으신 금 면류관 은 면류관으로 그리스도의 몸 된 교회를 장식하고, 찬양과 경배와 영광을 하나님 앞에 돌려 드리기는 하지만 그 열정이 예수님이 그토록 관심하시는 세상의 아픔을 향해 뿜어 나가지 않기 때문입니다.

예수님을 섬기는 일과 예수님이 관심하시는 세상과 그 속에 있는 사람들을 섬기는 일은 절대로 분리될 수 없습니다. 예수님을 사랑하는 자는 그분의 눈길이 머무는 곳에 자기의 시선도 함께 두기 때문입니다.

한 교회에서 연말 제직회를 하게 되었는데 집사님 한 분이 손을 들고 발언을 했습니다. "예산을 보니 우리 교회는 일 년 수입의 90%를 교회 자신을 위해 사용하는 것으로 나와 있습니다. 보다 많은 예산이 이 사회의 연약하고 소외된 사람들을 위해 책정되어야 한다고 봅니다." 그러자 한 장로님이 손을 들고 대답했습니다. "교회는 영혼을 구원하는 곳이지 사회봉사 기관이 아닙니다."

교회는 영혼을 구원하는 기관입니까, 사회봉사 기관입니까? 아니면 둘 다입니까? 이 질문에 건강하게 대답하기 위해서는 교회를 교회답게 하는 기독교 영성의 특징을 살펴보아야 합니다. 계시의 말씀은 이에 대해 무엇이라고 답하는지 살펴보도록 하겠습니다.

무엇이 진정 영적인 것인가?

하나님이 기뻐하시는 금식

> "내가 기뻐하는 금식은 흉악의 결박을 풀어 주며 멍에의 줄을 끌러 주며 압제당하는 자를 자유하게 하며 모든 멍에를 꺾는 것이 아니겠느냐"(사 58:6).

성경에서 '금식'이라는 단어만큼 영적인 무게감을 가진 단어는 그렇게 많지 않습니다. 이사야서에서 말하는 하나님이 정말 기뻐하시는 금식은 흉악의 결박을 풀어 주는 것이며, 멍에의 줄을 끌러 주는 것이고, 압제당하는 자를 자유롭게 하며, 모든 멍에를 꺾는 것입니다.

영적 맥락에서 살펴보면 금식은 자주 하는 것이 아닙니다. 성도들 중에 하나님 앞에 특별한 기도 제목이 있으면 무조건 금식하면서 기도하는 분들이 있습니다. 사실 금식이란 하나님이 사랑하는 자녀에게 주시는 음식을 스스로 거절하는 행위입니다. 이런 측면에서 보면 금식은 자기 몸을 찢으며 하나님께 떼를 쓰는 것과 같습니다. 절박한 심정으로 곡기를 끊고 자신이 원하는 것을 하나님께 얻어 내고자 하는 것입니다.

그런데 하나님은 우리를 사랑하셔서 그분이 가지신 모든 것을 주려고 우리를 부르셨습니다. 아들까지도 내어 주신 분이 어찌 그 아들과 함께 모든 것을 주시지 않겠습니까?(롬 8:32) 그러므로 하늘 아버지 앞에 무엇을 얻기 위해 굶어 가면서 아뢰는 것은 그야말로 비상시국이 아니면 삼가야 하는 신앙 행위입니다.

사랑하는 자녀가 어느 날 식음을 전폐하고 내게 뭔가 요구하듯 두문불출한다고 가정해 보십시오. 부모의 마음이 어떻겠습니까? 바짝 긴장해서 '내 자녀가 도대체 무엇 때문에 밥도 안 먹고 내게 외치는 것인가?' 하고 자녀를 살펴보게 될 것입니다. 마찬가지입니다. 성도가 하나님 앞에 금식을 선포하는 순간, 하나님의 모든 신경이 그에게 집중됩니다. 그만큼 금식은 엄청난 영적 무게감을 가진 행동입니다. 하나님께 시위하는 것과 같습니다. 첫째는 하나님께 반드시 얻어 내겠다는 절박함 때문이고, 둘째는 원하는 것을 얻어 내기 위해 내 몸이 상하는 위험까지도 감수하겠다는 각오 때문이요, 셋째는 아버지의 마음을 무겁게 하면서까지 주님께 요청하는 것이기 때문입니다.

그런데 이사야 선지자는 하나님을 긴장시키는 금식이 아니라 하나님이 기뻐하시는 금식이 있다고 말합니다. 눌린 자를 흉악의 결박에서 풀어 주고 압제당하는 자를 자유롭게 하며 주리는 자를 먹이는 금식, 이것이 바로 하나님이 기뻐하시는 금식입니다.

영생을 얻는 길

신약성경은 여기서 더 나갑니다.

"어떤 율법교사가 일어나 예수를 시험하여 이르되 선생님 내가 무엇을 하여야 영생을 얻으리이까 예수께서 이르시되 율법에 무엇이라 기록되었으며 네가 어떻게 읽느냐 대답하여 이르되 네 마음을 다하며 목숨을 다하며 힘을 다하며 뜻을 다하여 주 너의 하나님을 사랑하고 또한 네 이웃을 네 자신같이 사랑하라 하였나이다 예수께서 이르시되 네 대답이 옳도다 이를 행하라 그러면 살리라 하시니 그 사람이 자기를 옳게 보이려고 예수께 여짜오되 그러면 내 이웃이 누구니이까 예수께서 대답하여 이르시되 어떤 사람이 예루살렘에서 여리고로 내려가다가 강도를 만나매 강도들이 그 옷을 벗기고 때려 거의 죽은 것을 버리고 갔더라 마침 한 제사장이 그 길로 내려가다가 그를 보고 피하여 지나가고 또 이와 같이 한 레위인도 그곳에 이르러 그를 보고 피하여 지나가되 어떤 사마리아 사람은 여행하는 중 거기 이르러 그를 보고 불쌍히 여겨 가까이 가서 기름과 포도주를 그 상처에 붓고 싸매고 자기 짐승에 태워 주막으로 데리고 가서 돌보아 주니라 그 이튿날 그가 주막 주인에게 데나리온 둘을 내어 주며 이르되 이 사람을 돌보아 주라 비용이 더 들면 내가 돌아올 때에 갚으리라 하였으니"(눅 10:25-35).

우리가 익히 아는 선한 사마리아인의 비유입니다. 여기서 우리는 예수님이 선한 사마리아인의 비유를 시작하신 동기에 주목할 필요가 있습니다. 한 율법사가 예수님을 시험하기 위해 질문했습니다. "내가 무엇을 하여야 영생을 얻으리이까?" 그런데 예수님은 율법사의 내면의 동기에 대해서는 별로 관심을 갖지 않으시고, 당신이 생각하고 있는 영생의 문제, 영생에 대한 진리로 바로 들어가셨습니다.

예수님은 "율법에 무엇이라 기록되었느냐?"라고 물으셨습니다. 율법사가 "네 마음을 다하며 목숨을 다하며 힘을 다하며 뜻을 다하여 주 너의 하나님을 사랑하고 또한 네 이웃을 네 자신같이 사랑하라 하였나이다"라고 답하자 예수님은 "이를 행하라 그러면 살리라"라고 말씀하셨습니다. 그런데 율법사는 여기서 그치지 않고 자기를 옳게 보이기 위해서 자신의 이웃이 누구인지 다시 질문했습니다. 여기서 주님의 진리 여행이 시작됩니다.

당시 유대 사회는 엄격한 상하 계급 구조를 가졌습니다. 여기서 엄격하다는 말은 같은 계층끼리만 소통했다는 뜻입니다. 율법사는 율법사끼리, 바리새인은 바리새인끼리, 하층민은 하층민끼리, 끼리끼리 지내면서 이웃의 정을 나누었습니다. 그렇다면 당연히 율법사의 이웃은 율법사요, 제사장의 이웃은 제사장입니다. 그러므로 율법사가 고아나 과부를 이웃으로 사귈 리가 없었습니다. 이런 이유에서 율법사는 예수님께 자기를 옳게 보이려고 "내 이웃이 누구니이까?"라고 자신 있게 되물었던 것입니다.

이에 예수님은 선한 사마리아인의 비유로 답하심으로 율법사는 물론 당시의 정신세계를 뒤흔들어 놓는 진리를 설파하셨습니다.

결론부터 말하자면 이렇습니다. 선한 사마리아인 비유의 핵심은 "착하게 살라!"가 아닙니다. 즉 선한 행위를 권면하는 비유가 아닙니다. 이 비유의 주제는 영생을 얻는 길입니다. "무엇을 하여야 영생을 얻으리이까?"라는 질문에 대한 답이 이 비유인 것입니다. **즉 선한 사마리아인 비유의 대주제는 선한 삶에 대한 권면이 아니요, 영생으로 향하는 길입니다.**

비유에는 네 사람이 나옵니다. 강도 만난 사람, 제사장, 레위인, 그리고 사마리아인입니다. 먼저 제사장은 강도를 만나 거의 죽기 직전인 사람을 보고는 피해 지나갔습니다.

"마침 한 제사장이 그 길로 내려가다가 그를 보고 피하여 지나가고"(눅 10:31).

제사장은 왜 자신의 절박한 도움이 필요한 사람을 피해서 지나 갔을까요? 쓰러져 있는 사람이 이방인이었기 때문일까요? 사실 본문에는 '어떤 사람'이라고 나와 있을 뿐 이방인이라고는 되어 있지 않습니다. 혈통에 대한 특별한 언급이 없는 것으로 보아 예 수님은 그를 당연히 유대인으로 여기신 것 같습니다. 비유를 듣 던 사람들도 강도 만난 사람이 유대인이라고 생각했을 것입니다.

이 대목에서 우리의 영적인 통찰이 필요합니다. 제사장은 제사 를 지내기 위해서 길을 갔던 것 같습니다. 그런데 길바닥에 사람 이 쓰러져 있는 것입니다. 거의 죽은 것 같은 사람이었습니다. 구 약 시대에는 제사장이 지켜야 하는 정결 예식이 있었습니다. 그 중에는 시체와 접촉한 자는 부정하여 성소에 들어가지 못한다는 규례(레 21:11-12)가 있었습니다.

제사장은 제사를 집례하기 위해 길을 가는 중이거나, 아니면 며칠 내로 성소에 들어가야 했을 수 있습니다. 거의 죽은 것 같 은 사람의 처지는 안타까우나 제사장인 그의 입장에서는 부정 한 그를 만져서는 안 될 일이었습니다. 그렇다면 제사장은 자신 의 거룩한 직분을 온전히 수행하기 위해서 그를 피해 간 것입니 다. 다음으로, 레위인도 같은 이유로 강도 만난 사람을 피해 지나갔습니다.

"또 이와 같이 한 레위인도 그곳에 이르러 그를 보고 피하여 지나
가되"(눅 10:32).

우리는 여기서 제사장과 레위인이 단지 인정머리가 없어서 거
의 죽은 것 같은 사람을 외면하고 피해 지나간 것이 아니라는 사
실을 알 수 있습니다. 힘들고 어려운 사람들을 보면서도 전혀 연
민을 느끼지 못하는 종교적 외식자들이 아니었습니다. 단지 조상
들로부터 배워 온, 왕 되시는 여호와 하나님을 향한 경건과 충성
과 종교적 열심을 지키기 위해 거의 죽은 것 같은 사람을 '어쩔 수
없이' 피해 지나간 것이었습니다. 그렇기에 제사장과 레위인이
피 묻은 사람을 외면해 지나간 것에 대해서 누구도 이의를 제기
하지 않았을 것입니다.

이것은 가치관의 문제요, 세계관의 문제입니다. 예수님은 바
로 이 세계관에 도전장을 던지신 것입니다. 예수님은 이 비유를
통해 당시 제사장과 레위인이 놓치고 있었던 중요한 문제를 드
러내 보이셨습니다. 그들은 종교 세계에 갇힌 나머지 인간의 고
통을 보지 못했던 것입니다.

마지막으로, 사마리아인이 지나갔습니다.

"어떤 사마리아 사람은 여행하는 중 거기 이르러 그를 보고 불쌍히 여겨 가까이 가서 기름과 포도주를 그 상처에 붓고 싸매고 자기 짐승에 태워 주막으로 데리고 가서 돌보아 주니라"(눅 10:33-34).

여기서 우리는 예수님이 유대인과 사마리아인을 극단적으로 대조하시는 모습을 볼 수 있습니다. 상처받은 사람이 유대인이고, 그 상처를 치유하고 어루만져 주기 위해 다가간 사람이 사마리아인입니다. 사마리아인들은 당시 유대인들에게 냉대를 받았습니다. 그들은 서로 상종하지 않았습니다. 설사 이런 위기 상황에서는 상종할 일이 생기더라도, 유대인이 사마리아인을 도울 수는 있을지언정 도움을 받을 수는 없는 일이었습니다. 그러므로 예수님의 말씀은 당시 비유를 듣는 율법사 및 유대인들의 영적 교만을 완전히 역전시켜 버리는 것이었습니다.

사마리아인은 거의 죽은 것 같은 사람을 보고 '불쌍히 여겨' 가까이 갔습니다. 그의 모습은 쓰러진 사람을 피해 간 제사장 및 레위인과 극단적으로 대조됩니다. 그는 기름과 포도주를 상처에 붓고, 싸매고, 자기 짐승에 태워 주막으로 데리고 가서 돌보아 주었습니다. 뿐만 아니라 이튿날에 데나리온 둘을 주면서 주막 주인에게 그를 돌보아 달라고 부탁했습니다. 당시 하루 숙박비는 12분의 1데나리온이었습니다. 노동자가 받는 하루 품삯

이 1데나리온이었는데, 선한 사마리아인은 2데나리온을 주었습니다. 무려 24배나 준 것입니다. 그가 강도 만난 사람을 얼마나 정성을 다해 섬겼는지 알 수 있습니다. 심지어 그는 혹시라도 돈이 부족하면 돌아와서 갚을 테니 먹을 것과 치료할 여러 가지 약들, 입고 갈 옷을 준비해 달라고 주막 주인에게 부탁했습니다.

> "그 이튿날 그가 주막 주인에게 데나리온 둘을 내어 주며 이르되 이 사람을 돌보아 주라 비용이 더 들면 내가 돌아올 때에 갚으리라 하였으니 네 생각에는 이 세 사람 중에 누가 강도 만난 자의 이웃이 되겠느냐"(눅 10:35-36).

보십시오! 예수님이 질문의 강조점을 바꾸셨습니다. 29절에서 율법사는 "그러면 내 이웃이 누구니이까?"라고 물었는데, 예수님은 36절에서 "누가 강도 만난 자의 이웃이 되겠느냐?"라고 물으셨습니다. 율법사에게 이웃은 당연히 유대인으로 결정되어 있었습니다. 반면에, 예수님에게 이웃이란 신분과 계층과 환경에 따라 '미리' 결정되어 있는 것이 아니었습니다.

이웃은 '되어 주는 것'입니다. 상대방에게 이웃이 되어 주려고 할 때 이웃이 될 수 있는 것입니다. 가까운 데 산다고 이웃이 아닙니다. 멀리 산다 할지라도 이웃이 되어 주려고 할 때 이웃이 될 수 있는 것입니다. 예수님은 당시 유대 사회의 이웃에 대한 통념을 깨시고 이웃을 새롭게 정의하신 것입니다. 이제 예수님은 우리에게 물으십니다. "너는 누구의 이웃이 되겠느냐?"

"이르되 자비를 베푼 자니이다 예수께서 이르시되 가서 너도 이와 같이 하라 하시니라"(눅 10:37).

이 말씀 뒤에는 예수님이 하신 말씀이 생략되어 있는 것 같습니다. "가서 너도 이와 같이 하라. 그리하면 너도 영생을 얻으리라."

예수님은 영생과 구원을 전혀 새롭게 바라보고 계셨습니다. 예수님이 말씀하시는 영생은 선한 사마리아인과 같이 살아야 얻을 수 있습니다. 즉 연약한 자의 이웃이 되어 주는 것이 영원한 생명의 삶을 사는 길입니다.

이제 예수님의 인도를 따라 사마리아인의 내면세계로 들어가 보겠습니다. 선한 사마리아인은 강도 만난 자를 만났을 때 그를 보고 불쌍히 여겼습니다. 여기서 '불쌍히 여기다'라는 말은 헬라어로 '스플랑크논(splanknon)'으로, 단순히 인간이 다른 사람에게 온정을 베풀 때 쓰는 말이 아닙니다. 이는 하나님이 인간에 대해 가지신 마음을 표현하는 단어입니다. "예수께서 … 무리를 보시고 불쌍히 여기시니"(마 9:35-36)라는 말씀에서처럼, 하나님이 인간에 대해서 갖고 계신 깊이를 알 수 없는 애정과 동정과 측은지심을 표현할 때에만 배타적으로 사용된 말입니다.

예수님은 선한 사마리아인이 '스플랑크논'의 마음을 갖고 있었다고 말씀하신 것입니다. 어려운 처지에 놓인 사람을 보면 가슴이 찢어지고, 창자가 끊어지는 듯 고통스런 마음으로 불쌍히 여기며, 그를 배려해 주고 사랑해 줄 때 바로 거기에 영생으로 가는 길이 있습니다. 선한 사마리아인은 바로 예수님 자신이었던 것입니다.

이처럼 기독교 신앙 안에서 하나님 사랑과 사람 사랑은 하나로 통합됩니다. "인자가 온 것은 섬김을 받으려 함이 아니라 도리어 섬기려 하고"(막 10:45)라고 말씀하신 주님은 오늘날 우리에게 도전하십니다. "너희는 나를 사랑한다고 하면서 세상에 흩어져 있는 사람들을 사랑하는 일을 그치고, 그 영혼의 고통을 헤아리지 않는구나. 그것은 너희가 나를 진정으로 사랑하는 것이 아니요, 영생을 얻는 길도 아니다. 돌이키라!"

봉사와 관련해서 우리가 오해하기 쉬운 것이 있습니다. 그것은 우리가 기도와 말씀을 통해 주님과 깊이 사귀는 것만을 '영적인 것'이라 생각하기 쉽다는 것입니다. 물론 기도와 말씀은 영적인 것의 출발입니다. 반면 진정으로 기독교적인 영성은 '스플랑크논'한 선한 사마리아인의 발걸음 속에서 완성됩니다. 그러므로 하나님을 사랑한다고 고백하면서 사람을 사랑하는 일을 게을리한다면 이는 건강한 기독교 신앙이라 볼 수 없습니다.

다시 한번 언급하지만, 제사장과 레위인이 강도 만난 사람을 왜 버리고 갔습니까? 그들이 하나님을 사랑했기 때문입니다. 그들이 갖고 있었던 구약의 율법주의적인 세계관에 의하면, 피 흘려 거의 죽은 것 같은 사람을 도와주기 위해 그 몸을 만졌다가는 하나님의 성소에 들어가 제사장의 직분을 온전히 감당할 수 없었습니다. 그렇기에 어쩔 수 없이 그를 피해 가야 했던 것입니다.

그러나 영생을 얻기 위해서는 때때로 성소에 들어가는 것을 포기하더라도, 종교적인 거룩의 옷을 입는 것에 대해 사람들에게 오해를 받을지라도 우리 마음속 성소를 의지함으로써 선한 사마리아인처럼 피 묻은 사람의 불결함에 손을 댈 수 있어야 합니다. 그것이 바로 진정한 순결이요, 영생을 얻는 길이요, 기독교적인 영성입니다.

흠이 없는 경건

"하나님 아버지 앞에서 정결하고 더러움이 없는 경건은 곧 고아와 과부를 그 환난 중에 돌보고 또 자기를 지켜 세속에 물들지 아니하는 그것이니라"(약 1:27).

사랑보다 영적인 것은 없습니다. 교부 어거스틴은 온갖 잡다한 경건의 원리를 다 내려놓고 이렇게 말했습니다. "사랑하라! 그리고 네 마음대로 하라!" 하나님을 진심으로 사랑하는 사람은 반드시 하나님이 죽기까지 사랑하신 세상과 그 속에 있는 모든 백성의 고통을 자기 것으로 가져가게 되어 있습니다.

자신이 영적으로 깊어지고 있다는 것을 어떻게 알 수 있을까요? 신문지상의 한쪽 구석에 적힌 굶어 죽어 가는 아프리카 아이들의 소식이 단순한 기사가 아니라 아우성이 되어 귓전에 맴도는 사람은 영이 깊은 사람입니다. 비록 눈으로 보지는 못했지만 하나님이 만드신 창조 세계에 존재하는 '영의 교통'(koinonia of spirit)을 통해 그들의 고통 속으로 몰입해 들어가는 것입니다. 그래서 사랑처럼 위대한 것이 없고, 사랑처럼 영적인 것이 없습니다.

성도의 삶 속에서 때때로 사랑과 종교적인 것들이 부딪히곤 합니다. 그때는 단호하게 사랑을 택해야 합니다. 그것이 하나님이 기뻐하시는 일이기 때문입니다. 우리는 "나는 인애를 원하고 제사를 원하지 아니하며 번제보다 하나님을 아는 것을 원하노라"(호 6:6)라는 하나님의 말씀을 기억해야 합니다. 사람들이 보기에는 그 선택이 틀릴 수도 있습니다. 하지만 하나님이 보시기에는 기뻐하실 일입니다. 야고보는 하나님 앞에서 정결하고 더러움이 없는 경건은 과부와 고아를 그들의 환난 중에서 돌아보는 것이라고 말씀합니다.

금식, 영생, 경건, 이 세 단어만큼 우리로 하여금 영적인 무게감을 갖게 하는 단어는 없는 것 같습니다. 또한 이 단어들은 예수 그리스도의 심장으로 세상과 그 속에 있는 사람을 섬기는 일이라는 하나의 방향성을 가지고 있습니다.

교회는 오늘날 사회복지 기관과 사회봉사 기관으로서의 역할을 최선을 다해 감당해야 합니다. 중세의 고아원과 양로원은 이러한 동기로 시작되었습니다. 원래 교회가 고아원이 되고 양로원이 되어 섬겨야 하지만, 연약한 자들을 데려다 같이 살기에는 교회 자신이 아직 약하고 악하기에 사람들을 모으고, 건물을 세우고, 물자를 마련하고, 헌신된 전문가를 불러 그 일을 맡긴 것입니다.

적어도 약하고 후미진 곳에 있는 사람들을 돌보는 일은 그리스도께서 이 땅에 오시는 날까지 교회가 감당해야 하는 일입니다. "교회는 단지 사회봉사 기관인가?"라고 묻는다면 단호하게 아니라고 답해야 하지만, "교회는 세상의 약한 자들을 섬기는 사회봉사 기관인가?"라고 묻는다면 그렇다고 답해야 옳습니다.

교회가 가난하고, 힘이 없고, 연약하고, 소외된 자들을 끌어안고 그들을 위해 봉사하는 것은 대단히 영적인 일입니다. 진정 교회다운 교회가 되고자 한다면 신앙을 관념화하는 일을 지양하고, 머리와 마음속에 있는 하나님의 사랑을 손과 발로 연결해 이웃 사랑을 실천해야 합니다. 그것이 교회의 영성이요, 예수 그리스도의 마음으로 가는 길입니다.

나에게 비춰 보기

1. '예배 시간은 곧 설교 듣는 시간'이라 생각했는데, 하나님께서는 예배의 모든 순서를 통하여 은혜를 주신다는 사실을 경험한 적이 있다면 나누어 봅시다. 또한 예배를 준비하는 마음가짐, 예배에 참여하는 태도, 하나님 앞에 나아가는 모습을 돌아볼 때 내가 고쳐야 할 부분은 무엇입니까?

2. 말씀 생활의 5단계(들어라, 읽어라, 연구하라, 묵상하라, 실천하라)를 살펴볼 때 나의 말씀 생활에 적용하고 실천해야 할 부분은 무엇입니까? 5단계를 따라 충실히 말씀 생활을 하다 보면 하나님께서 나를 자라게 하시고 변화시키실 것이라 기대합니까?

3. 기도는 '하나님과 같이 써 내려가는 일기'가 되어야 한다고 합니다. 나 자신을 성찰하며 주님과 대화하는 가운데 주님의 만지심으로 내 속에서 치유와 회복이 일어난다고 합니다. 지금 하나님 앞에 올리고 싶은 나의 기도 제목은 무엇입니까?

4. 교회는 각자의 경계와 장벽을 허물어 서로 하나 되는 성도의 교제를 통해 이 세상에서 하나님 나라를 드러냅니다. 교회 내에서 누군가가 내게 다가와 손을 잡아 주었던 경험이 있다면 나누어 봅시다. 반대로 성도 간에 교제를 나눌 때 내가 아직 담쌓고 있거나 남을 용서하지 못하고 있는 부분은 없는지 살펴봅시다.

5. 전도는 주님의 은혜에 빚진 마음에서 출발하며, 단순히 교리를 전달하는 것이 아니라 내가 경험한 하나님의 은혜를 소박하게 나누는 것이고, 전도 대상자에게 나를 내어 주는 영혼에 대한 사랑으로 열매 맺음을 살펴보면서 전도에 대한 나의 태도에 어떤 변화가 있었습니까?

6. 개인적이고 종교적인 단어로 느껴지는 금식, 영생, 경건이 '예수님의 마음으로 세상과 세상 사람을 섬기는 것, 즉 봉사'와 연결되어 있음을 알아보았습니다. 내가 참으로 하나님을 사랑한다면 하나님의 마음이 향하는 곳에 내 마음도 향하게 됩니다. 내게 있는 하나님 사랑이 이웃 사랑으로 연결되는지 살펴봅시다.

3부

은사 사용의
기본 원칙

12

은사 충만과
성령 충만을 구별하라

생각하며 읽기

1. 은사 충만과 성령 충만이 어떤 관계가 있는지 알아봅시다.
2. 교회 일을 열심히 하는 것이 곧 주님과의 깊은 교제를 보장합니까?

이제부터는 한 사람의 그리스도인이 하나님께 부여받은 영적 확신을 갖고, 신앙생활의 기본자세를 익히는 동시에 자신에게 주신 재능과 은사를 어떻게 교회와 세상에서 사용해야 하는지 살펴보겠습니다.

그리스도인은 무엇보다 은사 충만과 성령 충만을 잘 분별해야 합니다. 고린도교회를 보십시오.

"그리스도 예수 안에서 너희에게 주신 하나님의 은혜로 말미암아
내가 너희를 위하여 항상 하나님께 감사하노니"(고전 1:4).

바울은 고린도교회를 향해 베푸신 하나님의 은혜에 대해 하나
님께 감사한 마음을 가지고 있었습니다. 그 이유는 "너희가 모든
은사에 부족함이 없이 우리 주 예수 그리스도의 나타나심을 기다
림이라"(고전 1:7)라는 말씀에 잘 나와 있습니다. 고린도교회가 주
님을 섬길 풍성한 은사를 가졌기 때문입니다. 고린도교회는 어떤
은사를 가지고 있었을까요?

고린도교회가 받은 은사들

"어떤 사람에게는 성령으로 말미암아 지혜의 말씀을, 어떤 사람에
게는 같은 성령을 따라 지식의 말씀을, 다른 사람에게는 같은 성
령으로 믿음을, 어떤 사람에게는 한 성령으로 병 고치는 은사를,
어떤 사람에게는 능력 행함을, 어떤 사람에게는 예언함을, 어떤
사람에게는 영들 분별함을, 다른 사람에게는 각종 방언 말함을,
어떤 사람에게는 방언들 통역함을 주시나니"(고전 12:8-10).

고린도교회가 받은 은사들은 지혜의 말씀, 지식의 말씀, 믿음,

병 고침, 능력 행함, 예언, 영 분별, 방언, 방언 통역 등 아홉 가지 입니다. 이와 같이 고린도교회는 은사가 충만한 교회였습니다.

은사 충만이 곧 성령 충만은 아니다

그런데 은사가 충만한 고린도교회를 보고 바울은 무엇이라고 이야기합니까?

> "형제들아 내가 신령한 자들을 대함과 같이 너희에게 말할 수 없
> 어서 육신에 속한 자 곧 그리스도 안에서 어린아이들을 대함과 같
> 이 하노라 내가 너희를 젖으로 먹이고 밥으로 아니하였노니 이는
> 너희가 감당하지 못하였음이거니와 지금도 못하리라 너희는 아
> 직도 육신에 속한 자로다 너희 가운데 시기와 분쟁이 있으니 어찌
> 육신에 속하여 사람을 따라 행함이 아니리요"(고전 3:1-3).

고린도 교인들이 신령한 자들이 아니라 육신에 속한 자들, 곧 그리스도 안에서 어린아이들과 같다고 말합니다. 은사가 충만한 고린도교회만 생각하면 하나님께 항상 감사가 흘러나온다고 고백한 바울이 고린도 교인들을 향해 그렇게 이야기한 이유는 무엇일까요? 그들 가운데 시기와 분쟁이 있었기 때문입니다.

여기서 바울은 신앙의 중요한 원리 하나를 우리에게 가르쳐 줍니다. 그것은 **은사가 충만하다고 해서 반드시 성령이 충만한 것은 아니라는 것입니다.** 은사는 차고 넘치지만 아직 영적으로 어린아이 수준에 머물러 있어서 성령 충만하지 못한 성도가 교회에는 얼마든지 있을 수 있습니다.

　영어 성경에 은사는 '영적 선물'(spiritual gift)이라고 되어 있습니다. 은사란 하나님이 교회와 성도를 위해 주신 선물입니다. 내가 갖고 싶다고 해서 얻는 것이 아니라 하나님이 성도로 부르실 때 하나님의 재량에 따라서 주시는 것입니다. 고린도교회는 영적 선물은 풍성했지만 성령으로 충만하지는 못했고 영적인 어린아이 수준에 머물러 있었습니다.

　성도는 각자에게 주신 은사를 따라 교회의 다양한 사역에서 섬기도록 부름 받았습니다. 성가대에서 아름다운 목소리로 찬양하기도 하고, 교회학교에서 아이들을 내 자녀처럼 섬기고, 돌보고, 주님의 말씀으로 양육하기도 합니다. 교회 장로로, 목장의 목자로, 식당 봉사자로 충성스럽게 직임을 감당하기도 합니다. 이것은 무엇을 뜻합니까? 바로 은사가 충만한 것입니다.

　그러나 은사가 충만한 것이 곧 성령 충만한 것은 아닙니다. 여기서 우리는 속기 쉽습니다. '교회에서 열심히 봉사하고 섬기니까, 하나님의 일을 열심히 하니까 나는 성령 충만하다'라고 생각하기 쉽다는 뜻입니다.

성령 충만의 바른 의미

'충만'이라는 단어는 헬라어로 '플레로마'(pleróma)입니다. 이는 '고용되다'라는 뜻입니다. 즉 '성령 충만하다'라는 말은 '성령에 고 용되다'라는 의미입니다. 성령에 완전히 사로잡혀서 그분이 "가 라!" 하시면 가고 "서라!" 하시면 서고 "앉으라!" 하시면 앉는 등 성령의 인도하심을 따라 움직이는 것이 바로 성령 충만입니다.

스데반 집사는 돌에 맞아 죽을 때 성령 충만했습니다. 성령께 몸과 마음과 영혼이 완전히 사로잡히니 돌에 맞아 죽으면서도 오 히려 자기를 향해 돌을 던지는 사람들을 위해서 기도할 수 있었 습니다.

> "주여 이 죄를 그들에게 돌리지 마옵소서"(행 7:60).

당시 스데반이 예수님의 산상수훈을 기억했을까요? 그렇지 않 았을 것입니다. 누군가를 사랑하는 것, 특히 원수를 품는 것은 자 신의 의지로 되는 일이 아닙니다. 그 순간 성령과 영혼의 파이프 라인이 하나로 이어져야만 가능합니다. 내가 성령 안에 거할 때 나를 향해 돌을 던지는 영혼들을 위해서조차 진심으로 기도할 수 있는 것입니다. 이것이 바로 성령 충만입니다. 성령 충만했던 스 데반 집사는 돌에 맞아 죽는 순간, 하나님의 영광과 하나님 보좌

우편에 계신 예수님의 모습을 볼 수 있었습니다.

이처럼 성령 충만은 감정 충만이 아닙니다. 하나님의 영에 붙잡혀 사는 것입니다.

은사 충만은 함정이 될 수도 있다

사사기에 나오는 삼손 이야기를 통해 우리는 엄한 교훈을 얻을 수 있습니다. 삼손에게는 극복하지 못한 약점이 있었습니다. 바로 여자 문제입니다. 그는 여자 앞에서는 옳고 그름을 분별할 수 없을 정도로 약했습니다.

삼손은 나이 들어 딤나라는 곳에서 한 블레셋 여자를 보고 반해 부모에게 그와 결혼하겠다고 졸라 댔습니다. 부모는 "네 형제들의 딸들 중에나 내 백성 중에 어찌 여자가 없어서 네가 할례 받지 아니한 블레셋 사람에게 가서 아내를 맞으려 하느냐"(삿 14:3) 하며 나무랐습니다. 삼손은 사사가 된 이후에 기생집에 가서 들릴라라는 여인에게 마음을 빼앗겨 버렸습니다. 이것이 화근이 되어 결국 자신의 힘의 근원인 신체의 비밀을 말해 주게 되었고, 블레셋의 포로가 되어 머리가 깎이고 눈이 뽑히는 비참한 처지가 되고 말았습니다. 물론 하나님의 은혜로 장렬하고 아름다운 최후를 맞이하기는 했습니다만, 그는 일평생 자신이 극복하지 못한 약점으로 인해 어려움을 겪어야 했습니다.

그런데 안타까운 것은 성경에서 삼손이 이 문제를 붙잡고 하나님께 기도한 흔적을 찾아볼 수가 없다는 사실입니다. 왜 그는 한 번이라도 자신의 약점을 고치려는 결심을 하지 않았을까요? 그 이유는 약점이 있었음에도 은사 충만하게 하나님의 일을 했기 때문입니다. 하나님은 성적인 문제를 갖고 있었던 삼손을 마지막까지 사용하셨습니다. 하나님 편에서 보면 하나님이 삼손을 쓰신 것이지만, 삼손 편에서 보면 그는 자신이 하나님께 쓰임 받고 있음을 확실히 알고 있었던 것입니다.

여자 문제로 어려움을 겪는 동안에도 사사로서 삼손의 힘은 여전히 막강했습니다. 그는 하나님 앞에서 계속해서 쓰임 받았습니다. 그렇기 때문에 '나는 하나님 안에 있고, 하나님이 내 영혼을 이끌고 가신다'라고 생각했습니다. 신약적으로 표현한다면 은사가 충만하기에 당연히 자신을 성령 충만한 사람으로 착각했던 것입니다.

우리가 교회 일을 열심히 하다가 걸려 넘어지는 이유가 바로 여기에 있습니다. 하나님의 일을 열심히 하는 것이 마치 내가 하나님 앞에 받아들여지고, 내 영혼이 잘 자라나는 것인 양 자기도 모르게 기만과 허위에 빠질 수 있습니다. 기독교 신앙이건 다른 종교건 종교의 깊이는 영성에 있는 것이지, 내가 어떤 일을 하고 있느냐에 달려 있지 않습니다. 우리는 이 점을 잘 분별할 수 있어야 합니다.

교회에서 열심히 섬긴다고 해서 자연적으로 믿음이 자라고 하나님과의 관계가 깊어지는 것은 아닙니다. 일 자체는 우리를 하나님과의 깊은 관계로 이끌어 주지 않습니다. 그래서 바울은 이렇게 말했습니다.

"내가 내 몸을 쳐 복종하게 함은 내가 남에게 전파한 후에 자신이 도리어 버림을 당할까 두려워함이로다"(고전 9:27).

만약 일을 열심히 한 만큼 구원을 받는다면 바울이 무엇을 두려워했겠습니까? 바울만큼 하나님의 일에 불타 있었던 사람이 어디 있습니까? 그렇지만 영혼 속에서 일어나는 하나님과의 깊은 관계는 일을 통해서 자동적으로 이루어지는 것이 아니고, 하나님과의 구체적이고 실질적이며 인격적인 만남 속에서 이뤄지는 것입니다. 일을 통해 만나는 것과는 전혀 차원이 다릅니다. 그래서 사도 바울은 엄청난 헌신에도 불구하고 혹시 자신이 주님과 멀어져 버림을 받을까 하여 두려워했던 것입니다.

그리스도인들은 자신에게 주어진 은사를 충분히 활용해서 사역하고 열심을 내서 주의 몸 된 교회를 섬기되, 자신의 영적 상태를 항상 깨어 점검해야 합니다. 은사 충만할 뿐 아니라 그 은사로 인해 하나님과 더욱 가까워져 성령 충만에 이르기를 바랍니다.

13 은사는 선물이다

생각하며 읽기

1. 하나님께서 우리에게 은사를 주신 이유를 알아봅시다.
2. 내가 하고 있는 사역을 통해 지금 내가 자라나고 있는지 점검해 봅시다.

하나님이 성도에게 은사를 주시는 이유는 그 은사를 통해 영적으로 성장하고, 성숙하게 하시기 위해서입니다. '모든' 사역은 성도의 영적 성장을 위한 주님의 축복입니다. 영적인 사역과 세상적인 사역이 나누어져 있지 않습니다.

마르다와 마리아는 나사로의 누이들입니다. 어느 날 예수님이 나사로의 집에 들어갔습니다. 마리아와 마르다가 같이 예수님을 섬겼는데, 마르다는 부엌에서 부지런히 예수님과 제자들을 대접할 준비를 하는 반면 마리아는 예수님의 발밑에서 예수님의 말씀을 들었습니다. 그러자 마르다가 들어와서 "주여 내 동생이 나 혼자 일하게 두는 것을 생각하지 아니하시나이까 그를 명하사 나를 도와주라 하소서"(눅 10:40)라고 하며 예수님께 푸념을 늘어놓았고, 예수님은 이렇게 말씀하셨습니다.

"마르다야 마르다야 네가 많은 일로 염려하고 근심하나 몇 가지만 하든지 혹은 한 가지만이라도 족하니라 마리아는 이 좋은 편을 택하였으니 빼앗기지 아니하리라"(눅 10:41-42).

마리아는 자기가 좋아서 선택한 일을 하는 것이니 나무라지 말고, 마르다 또한 앉아서 말씀을 듣든지 아니면 나가서 예수님을 위해 섬기든지 선택하되, 하나로도 족하다고 말씀하신 것입니다.

오늘날 한국 교회에서는 마르다와 마리아의 비유가 잘못 이해되고 있습니다. 마리아는 말씀에 집중하는 영적인 사람이고, 마르다는 일을 좋아하는 육적인 사람으로 생각하는 것입니다. 그러나 이것은 한쪽으로 치우친 생각입니다. 예수님이 마르다에게 하신 말씀의 핵심은 "너희는 각자가 좋아하는 일을 통해서 자족하면 된다"라는 것입니다. 지금 하고 있는 바로 그 일을 통해서 영적으로 성장하고, 예수님과 더 가까워지면 되는 것이었습니다.

예수님의 말씀을 듣는 것은 더 영적이고, 밖에서 부지런히 섬기고 돌보는 일은 육적인 것이라는 생각은 옳지 않습니다. 마르다의 문제는 부엌일을 한 것이 아니라 그 부엌일을 통해서 주님을 만나 교제하지 못한 데 있었습니다.

영적 성장을 위해 주시는 은사

성령께서 우리에게 은사를 주시는 목적은 그 은사를 통해서 우리가 '자라 가도록' 하시기 위해서입니다. 하나님은 당신의 일을 이루신 뒤에는 당신의 자녀를 일회용 종이컵처럼 버리시는 분이 아닙니다. 하나님께는 하나님 나라와 하나님의 자녀들 둘 다 소중합니다. 하나님이 성도에게 은사를 주신 목적은 그 은사를 통해 한편으로는 주님의 일을 이루시고, 다른 한편으로는 우리를 성장시키고 영적으로 성숙시켜 더욱 예수님을 닮아 가는 사람으로 세워 가시기 위함입니다.

사역은 나의 한계와 가능성을 발견하는 은혜의 통로입니다. 사역을 통해서만 알 수 있는 자신의 모습이 있습니다. 예를 들어, 혼자서 기도만 하는 사람은 자신에게 인간에 대한 헌신적 사랑이 결여되어 있다는 사실을 절대 깨달을 수 없습니다. 우리는 불편한 사람을 앞에 두었을 때 비로소 친구는 사랑하되 원수는 사랑할 수 없는 자기 내면의 연약함에 직면하게 됩니다. 또한 작은 모임을 역동적으로 활성화시키는 자신을 볼 때 사람을 세우는 리더로서 자신의 잠재력과 가능성을 보며 더 큰 하나님의 꿈을 꿀 수 있습니다. 뿐만 아니라 방황하는 한 사람을 붙들고 눈물로 기도할 수밖에 없는 자리에서 일하면서 예수 그리스도의 마음을 더욱 깊이 배우게 됩니다. 나를 직면하게 하고, 나를 발견하게 하며, 나를 더욱 하나님께 가까이 가게 하는 사역이야말로 주님이 주시는 은총의 통로입니다.

이 사역을 통해서 자라 가고 있는가?

성도는 그저 주어진 사역만 열심히 하는 것으로는 충분하지 않습니다. 만약 교회학교에서 섬기고 있다면 '이 섬김을 통해서 나는 과연 신앙적으로 자라 가고 있는가?'를 성찰해 보아야 합니다. 목사는 목사대로, 직분자는 직분자대로, 교사는 교사대로 이 질문에 묻고 답할 필요가 있습니다.

우리는 각자 섬기는 일을 통해서 자라 가야 합니다. 자신이 맡은 부서에서 열심히 섬김으로 하나님 앞에서 영혼이 날마다 소생하고 하나님과의 관계가 더욱 깊어질 때 우리는 하나님이 우리에게 허락하신 은사를 바르게 사용하고 있는 것입니다.

우리의 문제는 은사를 받았고, 은사로 섬기지만 우리 안에 기쁨이 없고 단지 피로감만 쌓여 가는 데 있습니다. 만약 '언제쯤 좀 내려놓고 쉴 수 있지?'라는 생각이 끊임없이 든다면, 지금 은사를 잘못 사용하고 있다는 증거입니다. 하나님이 주신 은사 자체가 문제가 아니라, 과도하게 많은 사역을 하고 있거나 은사를 바르게 사용하는 방법을 알지 못한 채 일만 열심히 하고 있는 것입니다. 하나님이 우리에게 주신 모든 것은 선합니다. 감사함으로 받으면 하나도 버릴 것이 없습니다(딤전 4:4).

하나님이 은사를 주셨을 때는 이 은사를 통해서 얼마만큼 성장하고 성숙해 가고 있는지를 먼저 점검해야 합니다. 만일 교회에서 맡은 일을 하는데 힘들고 지치고 피곤하게만 느껴진다면 일단 그 일을 멈추고, 목회자나 동료들과 그 부분에 대해서 의논해야 합니다. 물론 '내가 일 년 동안 맡은 것이니까 죽이 되든 밥이 되든 끝까지 가야지'라는 생각이 들 수도 있습니다. 그러나 그런 상태로 끝까지 가는 것은 교회에도 자신에게도 유익하지 않습니다.

교회에는 성도의 이러한 영적 탈진 문제에 대해서 누군가에게 상담할 수 있는 시스템이 필요합니다. 일주일, 길게는 한 달 정도 사역을 잠시 내려놓고 쉬면서 하나님과의 관계를 다시 회복할 수 있도록 재충전의 시간을 주어야 합니다. 성도는 이 시간을 육체의 휴식과 더불어 영을 재충전하는 기회로 삼아야 합니다. 잘 쉬면서 육체의 건강을 회복하고, 기도하고, 말씀을 묵상하면서 사역 속에서 소홀해졌던 하나님과의 관계를 견고히 회복해야 합니다.

이미 섬겼던 일이기에, 또는 책임을 완수하기 위해 끝까지 가겠다는 생각은 영적인 판단이 아닐 수 있습니다. 교회는 영을 다루는 곳입니다. 성과만 내면 되는 회사가 아닙니다. 힘들고 지친 가운데서 사역을 하게 하면 반드시 내 곤고한 심령이 누군가에게 전달되게끔 되어 있습니다. 특히 지도자의 위치에 있을 경우 내 영적 상태는 다른 사람의 영혼에 심대한 영향을 미칠 수밖에 없습니다.

따라서 힘들고 지칠 때 멈추어 서서 쉬어 가는 것은 나만을 위해서가 아니라 공동체 전체의 건강(well-being)을 위해서도 유익합니다. 이때 생기는 사역의 공백은 목회자나 형제자매들이 감당함으로 채우면 됩니다. 무엇보다 하나님이 휴식과 안식의 공백을 채워 주십니다. 하나님이 우리에게 은사를 주시는 이유는 우리로 하여금 자라 가게 하시기 위해서라는 사실을 기억하시기 바랍니다.

적지 않은 성도들이 교회에서 섬기는 사역을 통해 하나님의 은혜 속으로 더 깊이 들어가는 경험을 하게 됩니다. 제게도 동일한 체험이 있습니다. 예수님을 처음 믿고 세례를 받은 지 얼마 되지 않았을 때입니다. 섬기는 교회의 전도사님이 제게 중등부 교사를 맡아 달라고 부탁을 하셨습니다. 저는 이제 막 하나님을 알기 시작했고 성경에 대한 지식도 없었기에 그런 막중한 일을 감당할 수 있는 자격이 없다고 말씀드렸습니다. 전도사님은 그래도 꼭 좀 맡아 달라고 하셨습니다. 전도사님은 무척 신실하시고, 젊은 나이에도 영적인 깊이가 있으셔서 평소 제가 아주 좋아하는 분이셨습니다. 그래서 더 이상 거절하지 못하고 교회학교 교사를 하게 되었습니다.

몸은 힘들었지만 엄청난 축복이 뒤따라왔습니다. 먼저 교회학교 교사로 섬겨야 했기에 무조건 주일 성수를 하게 되었습니다. 이제 막 세례를 받은 후라 주일 성수가 몸에 배지 않았던 저는 만약 교회학교 교사를 하지 않았더라면 이런저런 핑계를 대면서 교회에 빠지는 일이 많았을 것입니다. 그런데 교사를 하면서 학생들을 돌보게 되니까 책임감 때문에라도 토요일이면 어쩔 수 없이 일찍 자야 했습니다. 친구들이 만나자고 해도 만날 수가 없었습니다.

처음에는 많이 힘들고 불편했습니다. 당시는 제가 육체의 습관을 다스리고 있는 중이라는 사실을 몰랐던 것입니다. 그러다가 조금씩 주일에 예배드리고 교회 가는 것이 기뻐지기 시작했습니다. 이윽고 '아하, 하나님이 교회학교 교사로 섬기는 것을 통해서 내게 주일 성수할 수 있는 은혜를 주시는구나'라는 생각이 들었습니다.

그뿐만이 아니었습니다. 아이들을 가르치기 위해서는 평일에 성경 공부를 준비해야 했습니다. 처음에는 그저 아이들을 가르치기 위해서 성경 공부를 시작했는데 조금씩 시간이 가면서 성경 공부를 준비하는 저 자신이 기쁘고 즐겁고 제 영혼이 자라는 것을 느끼게 되었습니다. 아이들 하나하나를 섬기고 돌보면서 하나님이 이들을 얼마나 사랑하시는지를 배우게 되었습니다. 그렇게 몇 년 동안 교회학교 교사로 섬기면서 주님 안에서 얼마나 성장했는지 모릅니다.

교회학교 교사만 아니라 나에게 누군가의 영혼을 위해서 기도해야 할 책임이 주어진다는 것은 좋은 일입니다. 하나님이 그 영혼을 먹일 거룩한 부담을 주신 것은 감사할 일입니다. 그것을 단순히 부담스럽게 여기기 이전에 '하나님이 내가 누군가를 사랑할 수 있도록 훈련을 시키시는구나!'라고 생각하며 받아들인다면, 나 자신이 그 은사를 통해서 한 차원 다른 모습으로 자라 가는 것을 반드시 보게 될 것입니다.

사역은 맡은 책임이기 때문에 어쩔 수 없이 해야 하는 일이 아니라, 하나님이 나를 성장시키시고 영적으로 성숙시키시려고 은혜의 통로로 주신 선물입니다. 사역을 은총의 통로로 사용하실 수 있기를 바랍니다.

14

은사는 지체다

생각하며 읽기

1. '교회는 그리스도의 몸을 이루는 지체다'라는 말의 의미를 살펴봅시다.
2. 은사와 직분에는 높고 낮음이 없음을 이해합니다.
3. 달란트 비유의 핵심적인 가르침은 무엇입니까?

하나님은 고린도전서 12장에서 바울을 통해 교회를 바라보는 자세, 즉 '교회관'에 관해 대단히 중요한 철학을 가르쳐 주십니다.

"몸은 하나인데 많은 지체가 있고 몸의 지체가 많으나 한 몸임과 같이 그리스도도 그러하니라"(고전 12:12).

바울은 교회를 사람의 몸에 비유합니다. 교회는 '조직'이 아니라 그리스도의 '몸'이라는 것입니다. 교회를 조직으로 보지 않고 몸으로 본다는 것은 교회를 이루는 요소를 상하 관계인 위계질서가 아니라 몸을 이루는 상호 지체로 본다는 것을 뜻합니다. 교회에는 목사, 장로, 안수집사, 권사, 서리집사, 일반 성도가 있습니다. 제직부서가 있고 위원회, 여전도회, 남선교회, 그리고 권사회, 안수집사회, 교역자회 등 협의회들이 있습니다. 이 모든 것이 조직이 아니라 지체라는 것입니다.

교회를 몸을 이루는 지체로 본다는 말은 크게 세 가지 영적 의미를 갖습니다.

첫째, 모든 직분은 하나님이 주신 것이라는 의미입니다. 이를 일컬어 **'천부직분'**(天賦職分)이라고 합니다. 천부인권이란 인간의 권리는 하늘로부터 받은 것이라는 뜻입니다. 천부직분이란 직분은 하늘로부터 받은 것이라는 의미입니다. 그러므로 우리는 직분을 받으면 최선을 다해서 섬겨야 합니다. 자기 기분에 따라 '에이! 기분 나빠 못하겠다. 대충대충 하자!' 이런 식으로 생각하면 하나님이 기뻐하지 않으십니다. 환경과 여건에 따라 섬기는 마음이 움직이면 안 됩니다. 직분은 사람이 아니라 하나님이 주신 것입니다.

"그러나 이제 하나님이 그 원하시는 대로 지체를 각각 몸에 두셨으니"(고전 12:18).

성도 각자를 지체로 부르신 이는 하나님이십니다. 우리가 직분을 맡을 때 두렵고 떨림으로 받아야 하는 이유가 여기 있습니다. 사람이 아닌 하나님이 공교회를 통해서 우리를 그 자리로 부르셨기 때문입니다. 따라서 담임목사를 포함해 교회의 리더들은 직분자를 세울 때 절대 사사로운 마음이 끼어들게 해서는 안 됩니다. 영적 명분과 취지가 분명해야 합니다. 기도 속에서 고민하고 또 고민해서 직분을 세워야 합니다.

둘째, 성도는 직분을 사람에게 받는다고 생각해서는 안 됩니다. 성경은 하나님이 그 원하시는 대로 지체를 각각 그리스도의 몸에 두신다고 말합니다(고전 12:18). 사람이 주는 것이 아니라 '주님이 교역자를 통해 주신다'라고 생각하면서 받아야 합니다.

셋째, 하나님 앞에서는 모든 직분이 귀합니다.

더 귀하고 덜 귀한 은사는 없다

"그뿐 아니라 더 약하게 보이는 몸의 지체가 도리어 요긴하고 우리가 몸의 덜 귀히 여기는 그것들을 더욱 귀한 것들로 입혀 주며 우리의 아름답지 못한 지체는 더욱 아름다운 것을 얻느라"(고전 12:22-23).

우리 몸에서 어느 부위 하나도 소중하지 않은 것이 없습니다. 모두 소중하고 귀합니다. 바울을 통해 하나님은 받은 은사에 더 귀한 것과 덜 귀한 것이 없고, 받은 직분에도 더 귀한 직분과 덜 귀한 직분이 없다는 점을 말씀하십니다. 각각이 합해져서 그리스도의 몸을 이루는 것입니다. 은사에는 높고 낮은 것이 없습니다. 목사가 설교하는 것이나 성도들이 직장에서 열심히 일해서 가정을 위해, 하나님 나라를 위해 쓰임 받는 것이나 다 같이 귀합니다. 목사는 하나님의 일을 하고 성도는 세상일을 하는 것이 아닙니다. 모두 다 하나님의 일입니다!

그렇다면 목사가 하나님의 말씀을 전하고 교회를 돌보는 것과 교인들이 사회에서 일하는 것은 무슨 차이가 있는 것일까요? 그것은 부르신 자리의 차이입니다. 교역자의 자리는 독특하고 유일합니다. 하나님이 교역자를 당신의 도구로 교회에 보내셨기 때문입니다. 하나님은 회사 사장에게 "내 양을 돌보라!"라고 명령하시지 않았습니다. 하나님은 공무원에게 "내 양을 치라!"라고 당부하시지도 않았습니다. 오직 교역자에게만 "내 양을 치라! 내 양을 돌보라!"라고 명령하셨습니다. 그만큼 교역자의 자리는 영적으로 고유하고 독특한 부르심의 자리인 것입니다.

그럼에도 불구하고 목사직이 더 귀하고, 세속 사회로 부르신 성도의 직업은 덜 귀한 것은 아닙니다. 모두가 귀합니다. 자신의 직업을 존귀한 것으로 여기시기 바랍니다.

교회의 직분도 마찬가지입니다. 때로 장로가 되고 난 후에 오히려 신앙에 시험이 드는 분들이 종종 있습니다. 장로가 되기 전에는 온유하고 겸손하게 섬기던 분이신데 장로가 되고 난 후에는 사람이 180도 달라진 것만 같습니다. '아! 저분은 장로가 되시지 않았어야 오히려 영적으로 더 큰일을 하실 분인데, 아깝다!'라고 생각되는 분이 있습니다.

사람이 나빠져서가 아닙니다. 잘못된 직분 의식을 가졌기 때문입니다. 그분들은 자신들이 평신도 중에서 최고의 자리인 장로의 자리에 오른 것이라고 생각합니다. 교회의 직분을 영적 위계로 생각하는 것입니다. 이러한 인식은 교회를 지체로 보는 것이 아니라 조직으로 보는 데서 나온 발상입니다. 영안이 열려야 합니다. 하나님은 바울을 통해 분명히 말씀하십니다. "교회는 지체다!" 더 귀한 직분이나 덜 귀한 직분이 없이 모두 다 자신의 자리에서 충성스럽게 일하면서 그리스도의 몸을 함께 세워 가야 합니다.

내 존재의 가치는 하나님이 결정하신다

마태복음 25장에 나오는 달란트 비유의 핵심은 무엇이며, 예수님이 이 비유를 드신 목적은 무엇일까요? 1절은 "그때에 천국은" 으로 시작합니다. 즉 예수님은 하나님 나라가 무엇인지 설명하시기 위해서 달란트 비유를 말씀하신 것입니다.

> "또 어떤 사람이 타국에 갈 때 그 종들을 불러 자기 소유를 맡김과 같으니 각각 그 재능대로 한 사람에게는 금 다섯 달란트를, 한 사람에게는 두 달란트를, 한 사람에게는 한 달란트를 주고 떠났더니 다섯 달란트 받은 자는 바로 가서 그것으로 장사하여 또 다섯 달란트를 남기고 두 달란트 받은 자도 그같이 하여 또 두 달란트를 남겼으되"(마 25:14-17).

"그같이 하여"란 '바로 가서 장사해'라는 뜻입니다. 다섯 달란트와 두 달란트 받은 자는 굉장히 부지런히 일했습니다. 그런데 한 달란트를 받은 사람은 어떻게 했습니까?

> "한 달란트 받은 자는 가서 땅을 파고 그 주인의 돈을 감추어 두었더니"(마 25:18).

오랜 후에 주인이 돌아왔습니다. 다섯 달란트와 두 달란트 받은 사람에게 주인은 '착하고 충성된 종'이라고 칭찬했습니다. 문제는 한 달란트 받은 사람이었습니다. 그는 주인에게 "주인이여 당신은 굳은 사람이라 심지 않은 데서 거두고 헤치지 않은 데서 모으는 줄을 내가 알았으므로 두려워하여 나가서 당신의 달란트를 땅에 감추어 두었었나이다"(24-25절)라고 말합니다.

그런데 왜 그는 한 달란트를 땅에 묻었을까요? 왜 두 달란트나 다섯 달란트 받은 사람처럼 바로 가서 장사하지 않았을까요? 여기에 달란트 비유의 핵심이 있습니다. 이어지는 26절 말씀을 보면, 주인은 한 달란트를 받아 그저 땅에 묻어 버린 종을 보고 "악하고 게으른 종아"라고 말합니다. 땀 흘려 장사하지 않고 그저 땅에 묻어 놓은 것은 게으른 행동임이 분명합니다. 그런데 주인은 왜 악하다고 이야기했을까요?

여기서 예수님은 주인이 하나님이시라는 전제 아래 말씀하십니다. 주인이신 하나님이 사람에게 악하다고 말씀하실 때는 도덕적 행동을 염두에 두신 것이 아닙니다. 바로 하나님과의 관계를 놓고 말씀하시는 것입니다. 즉 주인이 종에게 악하다고 말한 것은 "나와의 관계에서 너는 나를 신뢰하지 않았다. 뿐만 아니라 너를 개방해 나의 존재를 있는 그대로 받아들이지 않았다"라는 뜻입니다.

첫째, 그는 잘못된 주인상(像)을 가졌습니다. 그는 주인을 '굳은 사람'이라 고백했습니다(마 25:24). 영어 성경에는 'hard man', 즉 '엄격한 사람'이라고 되어 있습니다. 한 달란트 받은 사람은 주인을 엄격한 사람이라 생각해서, 잘했을 때는 상을 주지만 잘못했을 때는 엄하게 꾸짖고 벌을 줄 것이라고 생각했던 것입니다.

둘째, 그는 잘못된 자아상을 가졌습니다.

한 달란트를 받은 사람은 주인이 두 사람에게는 각각 다섯 달란트와 두 달란트를 준 반면 정작 자신에게는 한 달란트만 주었을 때 무슨 생각을 했을까요? '주인은 두 달란트와 다섯 달란트를 받은 내 친구들보다 나를 덜 신뢰하는구나'라고 생각했을 것입니다. 마음이 상했을 뿐 아니라, 주인에 대한 신뢰에도 문제가 생겼을 것입니다.

그럼에도 불구하고 툴툴 털고 일어나 한 달란트로 이익을 남겼다면 결말은 달라졌을 것입니다. 그런데 인간이라는 존재는 그렇지를 못합니다. 안 좋은 생각은 또 다른 악한 생각을 낳습니다. 누군가에게 신뢰받지 못한다고 생각하니, 이제는 그 내면이 무너져 버렸을 것입니다. '나는 한 달란트 가치밖에 안 되는 사람이다. 주인에게 신뢰받지 못한 내가 무엇을 할 수 있겠는가?'라고 자문했을 것입니다. 그래서 전투도 치러 보기 전에 이미 마음이 무너져 내려, '혹시 잘못해서 이것마저 잃어버리면 주인에게 더 혼나지 않을까? 묻어 두었다가 주인이 올 때 있는 그대로 드리자!'라고 생각한 것입니다. 즉 자신을 신뢰하지 못하고 내면이 무너져 내리니, 그 결과 주인 앞에 갔을 때 악하고 게으르다고 책망을 받은 것입니다.

그러면 질문이 생깁니다. "너무 가련하다. 한 달란트를 받은 것

도 억울한데, 다른 사람과 비교까지 당해서 결국 자멸해 버렸네.'
그런데 가만히 보면 생각이 달라집니다. 이 종은 금 한 달란트를
받았습니다. 이는 당시 34kg에 달하는 금으로, 노동자가 20년 동
안 받을 품삯에 해당합니다. 쉽게 말해 20년 치 월급인 것입니다.
어마어마한 액수입니다.

우리는 여기서 예수님이 비유의 천재이시라는 사실을 기억해
야 합니다. 그분은 단어 하나에도 영적 통찰을 가득 담아 말씀하
셨습니다. 주님이 암시하신 것이 무엇입니까? 천국 백성은 아무
리 적은 재능을 물려받았을지라도 최소 금 한 달란트는 받았다는
뜻입니다.

문제는 금 한 달란트를 받은 사람이 자기가 받은 달란트의 값
어치가 하나님 앞에서 얼마나 크고 놀라운지를 알지 못한 채 잘
못된 비교 의식으로 스스로를 작고 보잘것없이 여겼다는 데 있
습니다. 그래서 그는 스스로 주눅 들고 오그라들어 자기의 존재
값어치를 땅바닥에 내팽개쳐 버린 것입니다. 그 어마어마한 재
능(달란트)을 쓰는 일을 포기하고 자멸해 버린 것입니다.

이런 이유에서 한 달란트 받은 자는 하나님이 보시기에 악한
것이요, 게으른 것입니다. 하나님은 그에게 "내가 너를 이 땅에
불러낼 때 너에게 아무리 적더라도 금 한 달란트는 주었다. 네가
나 여호와를 신뢰한다면 네가 받은 한 달란트를 아낌없이 써야
하지 않겠느냐? 그때 그것이 얼마나 큰 값어치가 있겠느냐? 그런

데 너는 내가 준 재능을 하찮게 여기고 자기 인생을 가치 없게 여겨 허송세월하고 말았다. 이 악하고 게으른 종아!"라고 말씀하실 것입니다.

그리스도인은 아무리 적게 은사를 받았어도 자신이 최소 금 한 달란트는 받았음을 기억하시기 바랍니다. 만일 이것이 인생의 진실이라면, 우리 각자는 자신 안에 있는 잠재력과 가능성을 아직 완전히 꽃피우지 못했을 뿐입니다. 주님의 손에 붙들려 그분을 신뢰하며 최선의 삶을 살기로 작정할 때 우리는 금 한 달란트로 또 다른 한 달란트를 남기는 어마어마한 삶을 살게 되는 것입니다.

핵심은 **내게 재능을 주신 하나님을 신뢰하기에 나를 또한 신뢰하는 것입니다.** 하나님 없이 나를 신뢰하는 것은 교만입니다. 반면에 우리는 절대로 다른 사람의 인생과 비교하면서 스스로의 인생을 땅에 묻어 버리는 어리석음을 범하면 안 됩니다. 그것은 겸손이 아니라 게으른 것이며, 착한 것이 아니라 악한 것입니다.

내 존재의 가치는 누가 결정합니까? 내 인생의 값어치는 누가 판단합니까? 어렸을 때는 부모가 결정하고, 나이가 들어서 직장에 갔을 때는 상사가 결정합니다. 결혼하면 아내가 남편의 가치를 결정하고, 남편이 아내의 가치를 결정합니다. 교회에서는 교역자가 내가 어떤 사람인가를 결정해서 나를 높은 자리에 앉히기도 하고, 후미진 곳에서 섬기게도 합니다.

그러나 이 모든 것은 인간적인 생각입니다. 내 가치는 오직 하나님이 결정하십니다. 다른 누구도 내 가치를 결정할 권한이 없습니다. 심지어 나 자신도 나의 가치를 결정하지 않습니다. '나는 별 볼 일 없는 사람이다!'라는 말은 대단히 겸손하게 들리지만 틀렸습니다. 자기 가치를 하나님이 결정하시게 하지 않고 자신이 판단한 것이기 때문입니다.

내 존재의 가치는 오직 하나님이 결정하십니다. 하나님이 나를 예수 그리스도의 피 공로로 받으시고, 나의 인생을 수용하셨습니다. 그리고 감격스럽게도 금 한 달란트를 재능으로 선물해 주셨습니다. 그렇다면 그 달란트가 어떤 것이든 주님 앞에서, 주님과 함께 최선의 삶을 살면 그것으로 충분합니다.

그렇기에 교회에서 중요한 직책을 맡았다고 으스댈 것도 없고, 너무 큰 직책이라며 부담스러워할 필요도 없습니다. 작게 보이는 은사든 크게 보이는 은사든 오직 주께 하듯 하고, 사람에게 하듯 하지 말아야 합니다. 은사에는 높고 낮은 것이 없으며, 더 귀하고 덜 귀한 것이 없기 때문입니다. 모든 은사는 한판의 은사요, 모든 인생은 한판의 인생입니다.

강한 지체가 약한 지체를 돕는다

하나님은 바울을 통해 교회를 지체라 말씀하실 때(고전 12장) 또 하나의 영적 원리를 가르쳐 주십니다. **지체는 서로 경쟁하지 않고 돕는다는 것입니다.**

저는 부목사님들과 함께 목회 팀을 이루는 데 중요한 원칙을 갖고 있습니다. 절대 충성을 경쟁하게 하지 않습니다. 하나님 앞에서 담임목사의 목회를 돕고 동역하는 것이지, 충성을 경쟁하게 함으로 일을 만들어 내지 않습니다. 제 경험에 의하면 충성 경쟁은 반드시 후에 갈등과 반목을 가져옵니다. 이것은 결국 교역자 공동체를 깨뜨립니다. 교역자들이 서로 갈등하고 반목하면 성도들이 어떻게 보겠습니까? 그들이 이를 보고 배울 뿐만 아니라, 그들의 영이 상합니다. 그래서 충성 경쟁 목회가 아니라 서로 지체 의식을 갖고 팀 목회를 하게 합니다. 이처럼 지체는 서로 도와야 합니다.

> "만일 한 지체가 고통을 받으면 모든 지체가 함께 고통을 받고 한 지체가 영광을 얻으면 모든 지체가 함께 즐거워하느니라"(고전 12:26).

내가 힘이 닿으면 도와야 합니다. 그것이 교회입니다. 바울은 교회를 지체로 비유하면서 "우리의 아름다운 지체는 그럴 필요가 없느니라 오직 하나님이 몸을 고르게 하여 부족한 지체에게 귀중함을 더하사"(24절)라고 말했습니다. 그리고 로마서 15장 1절에서는 "믿음이 강한 우리는 마땅히 믿음이 약한 자의 약점을 담당하고 자기를 기쁘게 하지 아니할 것이라"라고 했습니다.

내게 자신과 가족과 친척을 위해서 특별히 기도할 제목이 없거나 하나님 앞에서 지금의 삶이 그저 감사할 제목밖에 없다면, 이는 이제 내가 주변의 약한 자를 돌아볼 때가 되었다는 하나님의 사인입니다. 하나님이 나에게 지혜와 지식과 경제적 여유를 주셔서 교회 안에 든든히 세우신 것은 사람들에게 자랑하라고 주신 것이 아닙니다. 지혜가 없고 지식이 부족하고 가난한 사람들을 섬기라고 주신 것입니다. 부족한 사람들에게 존귀를 더하게 하시기 위해서입니다.

하나님이 기뻐하시는 교회인지 세상적인 교회인지, 혹은 죽은 교회인지 살아 움직이는 성령의 공동체인지 알 수 있는 간단한 기준이 있습니다. 지식이 부족한 사람들, 사회에서 소외된 사람들, 그늘진 곳에 있는 사람들이 교회에 왔을 때 편안하게 잘 적응한다면 그 교회가 바로 하나님이 기뻐하시는 교회입니다.

내가 영적으로 성숙했다는 것은 '내 말이나 행동, 또는 마음가짐이 혹시라도 누군가에게 상처를 주지는 않을까?'라고 생각하며 늘 조심하고 염려하는 사람이 되었다는 것입니다. 교회 안 후미진 곳에 있는 사람들이 자연스럽게 아버지 품에 안기고, 그곳에서 영혼의 안식을 누릴 수 있는 영적인 분위기를 만들어야 합니다. 우리가 따뜻한 사랑의 분위기를 만들어 내지 못하기에 오늘날 교회 안팎에서 안타까운 일들이 많이 일어나는 것입니다.

물론 성도는 하나님이 주신 것을 누릴 권리가 있습니다. 옷을 잘 입을 권리도 있고, 풍족하게 살 권리도 있습니다. 하나님이 자유를 주셨기 때문입니다. 그렇지만 하나님이 주신 것이 감사해 이제 문밖에서 추워 떨고 있는 누군가를 위해서, 그리스도의 복음을 증거하는 일에 쓰임 받기 위해서 우리 스스로를 상대방의 눈높이와 문화의 수준에 맞게 낮추는 것은 더욱 위대한 자유입니다. 억지로가 아니라 하나님이 내 안에 주신 사랑에 대한 깨달음으로 낮은 자리로 내려가는 것입니다. 그래서 겉으로 볼 때는 허름해도 부담이 없고, 누가 와도 편안하게 아버지 품에 들어와 있는 것처럼 느끼게 하는 교회가 있다면 그 교회가 좋은 교회입니다. 강한 자가 약한 자를 배려하는 교회이기 때문입니다.

내게 주신 모든 은사와 직분이 사람이 준 것이 아니라 하나님이 주신 것임을 기억하면서, 다른 누구와도 비교하지 않고 자신만의 삶을 아름답게 살아 내어 하나님께 영광을 돌려 드리는 우리 모두가 되기를 바랍니다.

15

교회에 덕을 세우기 위해 사용하라

생각하며 읽기

1. 나의 섬김을 통해 궁극적으로 누가 드러나는지 살펴봅시다.
2. 은사를 사용하는 바른 방법과 은사를 대하는 바른 태도를 익힙니다.

은사를 건강하게 사용하고 있는지 알 수 있는 기준 가운데 하나는 '나의 섬김을 통해 궁극적으로 누가 드러나고 있는가?' 하는 것입니다. 당연히 모든 영광은 하나님의 것입니다. 하나님이 기뻐하시는 사람은 하나님이 가져가실 영광을 자신이 가로채지 않습니다. 하나님이 차지하실 자리를 자신이 대신 차지하지 않습니다.

신학교 1학년 방학 때 대천덕 신부님이 세우신 강원도 태백의 예수원에 견학을 간 적이 있었습니다. 제 기억에 의하면, 당시 예수원에서는 매주 목요일에 성령 은사 집회를 했습니다. 동료들과 함께 갔을 때는 마침 그 모임 중이었는데, 대천덕 신부님이 은사 집회를 인도하고 계셨습니다.

집회가 한창 진행되는 중에 성도들의 마음 문이 열리면 신부님은 이렇게 말씀하곤 하셨습니다. "오늘 여러분 중에 몸이 불편하시거나, 영혼에 깊은 상처가 있으시거나, 육체적으로 또는 영적으로 치유받아야 하는 분이 있으면 앞으로 나오십시오." 그러면 그중에 몇 사람이 나와서 앉았습니다. 신부님은 "모든 분들이 앞에 나온 형제자매의 몸에 손을 얹고 함께 안수 기도를 하겠습니다"라고 말씀하셨습니다. 그때 치유의 역사가 일어났습니다.

그곳에서 섬기는 형제의 이야기를 들으니 단순한 심령의 병뿐만 아니라 육체적 병 고침도 자주 일어났다고 했습니다. 관절염이나 축농증, 심지어는 의학적으로 치료가 불가능한 병이 낫는 일도 가끔 일어났다고 말했습니다.

그런데 중요한 것은 그다음 일이었습니다. 그런 치유의 역사가 일어났어도 당시 모두 함께 나와서 기도를 드렸기 때문에 누구를 통해서 성령께서 역사하셨는지 아무도 몰랐습니다. 그러므로 치유를 받은 사람은 오직 하나님께만 영광을 돌리게 되었습니다. 바로 이것이 은사를 사용하는 바른 방법입니다.

최종 영광은 하나님이 받으시게 하라

우리가 은사를 통해서 역사를 이루었을 때 그 열매와 결실은 하나님께 돌려야 합니다. 지극히 당연한 말인데 이것이 말처럼 쉽지 않습니다. 오늘날 한국 교회나 그리스도인들 가운데 하나님이 주신 은사를 사용한 후에 하나님이 받으셔야 하는 영광과 찬양을 중간에 도적질하는 경우가 종종 있기 때문입니다.

제가 만일 하나님의 이름으로 성도들을 돌보고 말씀을 전하고 그 속에서 성령께서 저를 사용하셨다면, 당연히 최종적인 영광은 하나님이 가져가셔야 합니다. 목사는 하나님의 심부름꾼에 불과하기 때문입니다.

만일 교회 공동체에 특출한 슈퍼스타가 나타나서 성도가 하나님보다 그를 더 받들고 우상시한다면 그는 하나님의 영광을 도적질한 사람입니다. 자신은 그럴 의도가 없었다고 변명할지라도, 천만의 말씀입니다. 세상 지도자라면 몰라도 영적 지도자라면 그런 부분의 영적인 흐름까지도 읽을 수 있어야 합니다.

복음서에는 예수님이 백성을 치유해 주시는 장면이 자주 나옵니다. 그런데 치유를 경험한 사람들이 누구에게 영광을 돌립니까?

"큰 무리가 다리 저는 사람과 장애인과 맹인과 말 못하는 사람과 기타 여럿을 데리고 와서 예수의 발 앞에 앉히매 고쳐 주시니 말 못하는 사람이 말하고 장애인이 온전하게 되고 다리 저는 사람이 걸으며 맹인이 보는 것을 무리가 보고 놀랍게 여겨 이스라엘의 하나님께 영광을 돌리니라"(마 15:30-31).

그들은 영광을 하나님께 올려드렸습니다. '예수님은 신이시니까 가능하지. 사람이 어디 쉽나?' 하고 생각할지 모르겠습니다. 그런데 사도행전 3장을 보면, 태어나면서부터 걷지 못해 성전 미문에 앉아 있는 이를 베드로가 고쳐 주었습니다. 그가 어떻게 반응했습니까? "하나님을 찬송하니"(8절). 사도가 사람의 병을 고쳐 주었는데, 그들이 어떻게 처신했는지는 모르지만 궁극적으로 하나님이 찬송을 받으셨습니다.

하나님이 우리에게 주신 은사를 사용해 교회와 형제자매를 섬길 때는 항상 하나님이 받으실 것을 도둑질하지 않도록 조심해야합니다. 마음속으로 이렇게 기도하십시오. "하나님, 오늘도 제가 주님의 이름으로 섬깁니다. 그렇지만 이 섬김을 통해 열매가 드러나되, 저는 십자가 뒤에 숨겨 주시고 하나님만이 드러나게 해주소서. 제가 세상 일꾼이나 세상에 속한 사람이 되려 하지 않고 그리스도의 몸 된 교회에 서겠다고 할 때, 주님 외에 다른 어떤 것이 주님의 자리를 차지하지 않게 해 주십시오!"

항상 주님의 자리를 만들어 드리는 성도가 영적으로 성숙한 성도입니다. 이처럼 교회의 덕을 세우는 것은 자기 이름을 드러내지 않고 하나님의 영광을 드러내는 것입니다. 하나님은 이런 사람을 찾아 자기 일에 세우십니다.

인간은 연약한지라 끊임없이 눈에 보이는 것을 찾아가게 되어 있습니다. 하지만 하나님은 눈에 보이시지 않습니다. 구약 시대의 바알과 아세라 신앙과 여호와 신앙의 싸움은 보이는 우상과 보이지 않는 하나님과의 싸움이었습니다. 하나님은 사람이 만든 신이 아니시기에 어떤 형상에도 자기 자신을 가두어 두지 않으셨습니다.

이 깊은 신앙의 신비를 구약의 이스라엘 백성은 알 수가 없었습니다. 그래서 그들은 끊임없이 보이는 형상을 찾아다녔습니다. 금송아지를 만들기도 하고, 무엇인가를 보여 달라고 요구하기도 했습니다. 풍요를 얻기 위해서 바알에게 무릎을 꿇고 아세라에게 절을 했습니다. 하지만 그 속에는 참이 없었습니다.

현대 교회의 특징 중에 하나는 인본주의 신앙입니다. 첫째, 교회의 영적 지도자인 담임목사가 탁월한 경우 교회는 그를 슈퍼스타로 만듭니다. 영적으로 분별력 있는 성도는 어려움이 없겠지만, 자칫하면 예수님이 계셔야 할 자리에 담임목사가 들어갈 수 있습니다. 그러므로 목사가 조심해야 하지만 성도들도 그 부분에서 바르게 서 있어야 합니다.

둘째, 교회의 리더가 자신들의 마음에 차지 않을 때는 그를 함부로 대합니다. 이 또한 인본주의 신앙입니다. 교역자는 하나님이 공동체를 위해 보내신 도구입니다. 하나님의 도구를 가볍게 여기는 것은 그를 보내신 하나님을 만홀히 여기는 것과 같습니다. 하나님의 자리를 사람이 판단하고 결정하려는 것과 같습니다. 우리는 이 점에 주의해야 합니다.

우리는 목회자의 설교를 들을 때 항상 설교 뒤에 있는 하나님의 음성이 무엇인가를 생각하면서 들어야 합니다. 그래야 목회자에 대한 편견이나 혹은 쓸데없는 충성심에 빠지지 않습니다. 목회자를 사랑하고 존경하는 것은 성도의 마땅한 본분입니다. 그렇지만 항상 '목회자는 하나님의 종일 뿐, 저분 자체가 하나님은 아니시다'라는 것을 인식해야 됩니다. 이는 영적인 싸움입니다. 하나님은 보이시지 않고, 영적 지도자는 눈에 보이기 때문입니다.

다른 사람에게 공을 돌리라

"모든 것이 가하나 모든 것이 유익한 것은 아니요 모든 것이 가하나 모든 것이 덕을 세우는 것은 아니니 누구든지 자기의 유익을 구하지 말고 남의 유익을 구하라"(고전 10:23-24).

성도가 교회를 섬길 때는 자신이 지금 하는 행동이 덕을 세우는 일인가, 아니면 덕을 무너뜨리는 일인가를 늘 판단하고 난 후에 일해야 합니다. 그렇다면 어떻게 하는 것이 덕을 세우는 일일까요? "누구든지 자기의 유익을 구하지 말고 남의 유익을 구하라"(24절)라는 말씀에서 알 수 있습니다. 좋은 성도는 자기가 하고도 그 공을 다른 사람에게 돌립니다. 예를 들어, "김 집사, 이번에 정말 수고 많이 했어!"라는 칭찬을 받으면, "아니에요. 같이 일한 분들이 정말 고생 많이 하셨어요"라고 말하는 것입니다. 말로만 하는 것이 아니라, 진심으로 다른 사람을 세워 주는 것입니다. 그가 바로 '하늘이 내린 일꾼'입니다.

자기 의를 내려놓아 교회의 덕을 세우라

교회에서 일하면서 상처를 주고받을 때가 많이 있습니다. 내가 나의 은사를 사용하며 열심히 섬기는데, 나 때문에 상처를 받는 사람들이 생기는 경우가 종종 있습니다. 바울은 이 부분에 대해서 우리에게 분명히 이야기해 줍니다.

> "내가 증언하노니 그들이 하나님께 열심이 있으나 올바른 지식을 따른 것이 아니니라 하나님의 의를 모르고 자기 의를 세우려고 힘써 하나님의 의에 복종하지 아니하였느니라"(롬 10:2-3).

바울은 자기 열심으로 하기 때문에 교회를 위해서 일하다가 상처를 주고받게 된다고 이야기합니다. 그렇다면 내가 지금 내 열심으로 하는지, 아니면 하나님의 열심으로 하는지는 어떻게 알 수 있을까요?

일하는 중에는 분별하기가 힘듭니다. 그런데 하나님의 열심으로 한 경우에는 일을 마무리하고 난 후 결과에 연연하지 않습니다. 내가 뜻한 대로 일이 되지 않았다고 서운해하거나 분노하지 않습니다. 일이 어그러졌다고 해서 낙심하거나 좌절하지 않습니다. 약간의 흔들림은 있겠지요. 그러나 곧 내가 순수하고 진실되게 하나님의 일에 최선을 다했으니, 일의 결과는 아쉬울지라도 내 마음의 동기를 하나님이 받으셨으니 그것으로 감사하는 것입니다. 그리고 마음의 자유를 얻은 후 하나님의 부르심을 기다립니다.

우리는 자기를 드러내기 위해서 은사를 사용하면 하나님이 도로 환수해 버리신다는 사실을 기억해야 합니다. 그를 자라 가게 하거나 덕을 세우기 위해 은사가 사용된 것이 아니라면, 은사 사용법이 잘못되었기 때문에 그를 망치지 않기 위해서라도 하나님은 그 은사를 가져가 버리십니다.

하나님이 우리에게 주신 은사를 교회를 세우기 위해, 그리고 덕을 끼치기 위해 사용하는 성도들이 되어야 합니다. 하나님의 영광을 위해서 은사를 사용하고, 이웃을 위해 은사를 사용하면 하나님이 그 은사를 더욱 빛나게 하실 것입니다.

16

질서와 절차와 계통을 좇아 사용하라

생각하며 읽기

1. 은사는 교회를 세우기 위해 사용해야 함을 기억합시다.
2. 은사는 질서와 절차와 계통을 좇아 사용해야 함을 배워봅시다.

모든 은사는 질서와 절차와 계통을 좇아 사용해야 합니다.

"하나님은 무질서의 하나님이 아니시요 오직 화평의 하나님이시
니라"(고전 14:33).

이 말씀은 사실 내용상으로 "하나님은 무질서의 하나님이 아니

시요 오직 질서의 하나님이시다"라고 말해야 맞습니다. 그런데 바울은 "화평의 하나님이시다"라고 말합니다. 영적으로 무질서의 반대는 질서가 아니라 화평이라고 말하는 것입니다. 즉 무질서는 화평이 깨지는 원인이요, 질서를 잘 지키는 데서 화평이 온다는 뜻입니다.

바른 하나님 이해는 바른 자기 이해와 연결된다

하나님을 믿는 개인이나 공동체가 무질서하다면, 그는 하나님을 바르게 믿는 것이 아니라고 할 수 있습니다. '하나님을 어떻게 이해하느냐?'와 '나를 어떻게 이해하느냐?'는 서로 밀접한 관련이 있는데, 그것은 우리가 하나님의 형상으로 지음 받았기 때문입니다. 내가 하나님을 어떠한 분으로 고백하는가에 따라서 자신의 신앙의 색깔이 만들어집니다. 예를 들어 하나님을 권위적이고 강압적인 전제군주로 생각하면 신앙이 힘을 가졌을 때 자기도 모르게 대단히 권위주의적이고 강압적인 모습으로 나타나게 됩니다.

개신교에서 변화되어야 하는 부분 중 하나는 정복주의적 사고 내지 제국주의적 사고입니다. 하나님을 전제군주적 정복자로 인식하는 데서 이런 사고가 나옵니다. 이런 사고가 내재할 때 힘 있는 자는 힘으로 상대를 조종하려 하고, 힘이 없으면 자아가 위축되고 심한 열등감에 빠지게 됩니다.

하나님은 삼위일체 하나님이십니다. 혼자서도 충분히 모든 일을 다 하실 수 있지만 성부 하나님은 그렇게 하시지 않습니다. 성자 하나님과 동역자로 일하시고, 성령 하나님을 통해 일하십니다. 서로가 서로를 내어 주고 내어 받으며 인격적으로 존재하십니다.

세상도 삼위 하나님의 창조 아래에서 인격적으로 존재하도록 질서가 세워져 있습니다. 흔히 질서는 지배자의 논리라고 생각합니다만, 사실 질서는 모든 피조물을 향한 하나님의 명령입니다. 서로가 서로를 인격적으로 존중해 주기에 기꺼이 경계 안에 머물러 만족하는 것이 하나님의 질서입니다. 강한 자가 경계와 범위를 넘어 약한 자의 것을 빼앗는다면 그것은 하나님의 질서를 어긴 것입니다. 그리고 약자가 정당하게 정의와 공의를 요청하는 것은 질서를 회복하는 일입니다. 교회 내에서도 사회에서도 하나님의 질서가 회복되어야 합니다. 그래야 평화로운 세상이 올 수 있습니다.

고린도교회의 실상

고린도교회는 대단히 무질서했던 것 같습니다. 은사가 많기 때문에 통제가 되지 않았던 것 같습니다. 고린도전서 14장 26절을 보면, 다양한 은사를 사용하되 "모든 것을 덕을 세우기 위하여 하라"라고 말합니다.

'덕', '미덕'은 영어로 'virtue'인데, 여기서는 '교회의 힘'(strength of the church)이라는 의미에 가깝습니다. 교회의 힘을 더욱 강건하게 하기 위해서 은사를 사용하라는 것입니다. 내가 은사를 사용하는 것이 교회를 단단하게 하기는커녕 교회에 균열을 가져와 약화시킬 수 있음을 우리는 기억해야 합니다. 은사는 교회를 세우기 위해서 사용되어야 합니다.

고린도교회는 이 부분에서 성숙하지 못했습니다. 자기가 위로부터 은사를 받았다는 사실에 너무 집착한 나머지, 그 은사를 사용하는 것이 과연 교회를 온전히 세우는 데 기여하는 것인지, 아니면 교회를 해치는 것인지를 염두에 두지 않았습니다. 주일 예배 때 소위 성령 체험을 했다고 하는 사람들이 앞으로 나와서 질서도 없이 이야기를 했습니다. 질서 없이 아무나 나와서 방언을 했습니다.

바울은 그것을 옳지 않게 생각했습니다. 그래서 "만일 누가 방언으로 말하거든 두 사람이나 많아야 세 사람이 차례를 따라 하고 한 사람이 통역할 것이요"(27절)라고 말했습니다. 교회에서 영적 질서를 지키는 것이 교회를 세우는 길이요, 교회를 사랑하는 마음이라는 뜻입니다.

"모든 것을 품위 있게 하고 질서 있게 하라"(고전 14:40).

하나님은 어지러움의 하나님이 아니요, 화평의 하나님이십니다. 하나님은 천하 만물을 만드실 때에도 질서 있게 일하셨습니다. 여기서 우리는 중요한 은사 사용의 원칙 하나를 발견할 수 있습니다.

질서와 절차와 계통을 좇으라

은사는 질서와 절차와 계통을 좇아 사용해야 합니다. 실제로 우리 가운데는 좋은 은사를 가진 교회가 많지만 한편, 그 은사를 열심히 사용했으나 결과적으로 교회의 덕을 세우지 못한 사례도 많습니다. 그 이유 중의 하나는 질서를 좇아서 자기의 은사를 사용하지 않았기 때문입니다.

사실 절차를 바르게 지키지 않음으로 교회를 약화시키는 일은 절대 잘못된 동기에서 시작되는 것이 아닙니다. 처음에는 모두가 선한 동기로 시작합니다. 그런데 마지막에는 교회를 약화시키는 것으로 끝을 맺을 때가 있습니다. 어떤 사람은 하나님께 열심이 특심하고, 어떤 사람은 교회에 정의가 회복되어야 한다고 역설하며, 어떤 사람은 절차를 밟아 하기에는 시간이 촉급해 어쩔 수 없다면서 자기 안목으로 일을 만들어 가기 때문입니다. 이러한 모습은 결과적으로는 교회 안에 자신들도 원하지 않은 분란을 만들어 냅니다.

누가 이러한 방식을 좋아할까요? 당연히 원수가 좋아합니다. 그럼에도 사람들은 이것이 하나님이 원하시는 방식이라고 착각합니다. 천사의 가면을 쓴 원수의 속삭임에 넘어간 것입니다. 이로 인해 교회가 약화되는 일이 얼마나 많은지 모릅니다. 참 안타까운 일입니다.

예를 들어 제직부서에 좋은 아이디어가 있다고 해 봅시다. 그 아이디어가 쓰임 받기 위해서는 먼저 그 아이디어를 가지고 주변 사람들과 함께 이야기하면서 여러 가지 가능성을 타진해 보아야 합니다. 두 사람의 마음이 모이면 천하가 그리로 모인다는 말이 있습니다. 그렇게 사람들의 마음이 모이면 다음으로 부서 장로님과 의논을 합니다. 만약 장로님도 찬성한다면, 교회 공동체 전체의 질서로 볼 때 그 아이디어가 어떻게 자리매김을 할 수 있을지 잘 모를 수 있기 때문에 부서 담당 목사와 조율한 후에 담임목사님과 의논을 해야 합니다.

우리가 교회를 섬기면서 반드시 고려해야 할 부분이 있습니다. 교회는 조직이 아니라 유기체 즉 지체라는 것입니다. 교회가 바르게 자라기 위해 중요한 것은 균형과 조화입니다. 교회 봉사자들은 자기가 맡은 부서만 봅니다. 그러나 탑 리더(top leader)는 전체를 봅니다. 균형이 중요합니다. 조화가 깨지거나 한쪽으로 치우쳐서는 안 됩니다.

한 성도가 자기 사역이 정말 소중하게 생각되어 다음 해 예산에 반영해 달라는 의견을 들고 왔다고 합시다. 좋은 의견이기는 한데 현재 사역에서 볼 때 무리가 있다고 판단되면 그 의견은 채택이 불가할 수 있습니다. 우리는 이러한 시스템을 이해할 수 있어야 합니다.

교회 전체를 보는 사람이 담임목사요, 당회입니다. 담임목사는 어떤 의사 결정을 바로 하지 않고 사안에 따라서 결정을 달리합니다. 본인이 결정할 수 있는 부분은 스스로 결정하고, 당회 의결에 부쳐야 될 부분은 당회에 안건을 상정합니다. 그러면 당회는 결의를 거쳐 사안에 따라 제직회에 부치며, 때로는 공동의회에 올립니다.

이러한 방식으로 밑에서부터 올라오는 건강한 의견을 교회 공동체 전체의 영적인 여론이 되도록 만들어 나가는 것이 가장 좋습니다. 그때 모든 성도의 마음이 하나 되어 별 무리 없이 진행될 수 있습니다. 크고 작은 일에 허락을 받고 절차를 밟아 진행하면 문제될 것이 없습니다.

절차를 생략하면 교회를 해친다

교회에는 종종 절차를 무시한 채 일하는 경우가 대단히 많이 있습니다. 그러면 거기에는 반드시 사탄의 역사가 있게 됩니다. 생각 자체는 대단히 좋으나 절차를 밟지 않음으로 교회 안에 분란이 만들어지는 것입니다.

우리는 흔히 타이밍에 맞추어 일해야 한다고 말합니다. 심방은 타이밍이 정말로 중요합니다. 같은 심방이라도 제때 하는 것과 때를 놓치고 하는 것은 목양의 효과에서 하늘과 땅 차이입니다. 반면 대부분의 하나님의 일은 "이때까지는 꼭 해야 한다"라는 시간제한이 절대 없습니다. 우리 생각에는 정해진 시간까지 하지 않으면 당장이라도 세상에 종말이 올 것 같은데 사실 그렇지 않습니다. 하나님의 호흡은 우리보다 훨씬 깁니다. 급하다고 생각해서 절차를 놓치는 것이야말로 더 중요한 타이밍을 놓치는 것입니다.

하나님이 더 중요하게 여기시는 부분은 우리가 형제자매와 함께 그 일을 어떻게 만들어 나가느냐입니다. 성도는 이 부분에서 좀 더 성숙해질 필요가 있습니다. 결과적으로 이것은 행정에 대한 부분입니다. 목회자만 행정을 하는 것이 아니라, 성도도 행정을 하는 것입니다.

절차를 존중하면 교회가 건강하게 세워진다

제가 이전에 교회를 섬길 때였습니다. 교회가 창립 기념 행사를 치러야 하는 날이 다가왔는데, 당시는 우리나라에 IMF로 인해 경제 위기가 몰아닥쳐서 사회적으로는 물론 교회적으로도 재정이 쉽지 않았습니다.

당시 한 장로님이 발의를 했습니다. "이번 창립 예배는 사회가 경제적으로 대단히 어렵고 교회도 넉넉하지 않으니 검소하게 행사를 치릅시다. 차제에 IMF가 아니더라도 판에 박힌 행사 치레를 하지 않으면 좋겠습니다. 옛날처럼 못 먹고 못 살던 시대도 아닌데 수건이나 떡 같은 것 돌리지 말고, 좀 더 의미 있는 행사를 만들어 가는 데 힘을 기울입시다." 회의 결과, 검소해지는 사회 분위기를 보아서 이번 행사에는 창립의 의미를 담은 소책자를 정갈하게 만들어서 교인들과 손님들에게 배부하자고 결론을 내렸습니다.

그런데 재정 장로님이 집에 가서 곰곰이 생각해 보니 회의 결과가 마음에 걸렸습니다. '아무리 사회가 어렵다 하더라도 교회가 문 달을 형편인 것도 아닌데 손님들에게 하다못해 수건 한 장이라도 드려서 보내는 것이 예의가 아닌가?' 생각이 여기에 미치자 교회의 살림살이를 책임지는 사람으로서 굉장히 부담이 되었습니다.

결국 그분은 교회 재정으로 안 되면 자신이 직접 헌신하겠다는 마음을 먹었습니다. 그래서 자신의 뜻을 중심으로 여론을 만들어 가기 시작했습니다. 동조하는 분들도 있었지만 반대하는 분들도 있었습니다. "아니, 본인만 교회를 사랑하나? 이미 결정된 것인데 왜 그렇게 처신을 하나?" 하고 그만 역풍이 불었습니다. 온 교회가 수건 한 장 때문에 어려움을 겪게 되었습니다. 결국 운영위원회의 결정대로 수건을 준비하지 않는 것으로 마무리되었습니다.

하나님이 보실 때는 둘 다 옳습니다. 재정 장로님은 사리사욕으로 일한 것이 아니었습니다. 교회를 사랑하는 마음으로 생각해 보니 수건 한 장은 돌리는 것이 맞았습니다. 다른 분들은 어려운 사회에 귀감이 되는 것이 교회가 바르게 처신하는 일이라 여겼던 것입니다. 역시 교회를 사랑하는 마음이요, 하나님을 사랑하는 마음입니다.

그러나 재정 장로님의 경우 그 동기와 마음은 좋으나 교회의 덕(strength)을 세우는 자세는 아니었습니다. 왜냐하면 질서와 절차와 계통을 깨뜨렸기 때문입니다. 당시 교회는 운영위원회가 당회보다 상위 기관이었습니다. 즉 운영위원회가 최고 결정 기관이었습니다. 그러므로 최고 결정 기관인 운영위원회가 결정을 내렸으면 설사 반대되는 의견이 있더라도 따르는 것이 질서를 지키는 것입니다. 질서를 깨뜨리니 교회의 화평이 깨지고, 화평이 깨지니 교회가 시끄러워진 것입니다.

당회, 제직회, 권사회, 안수집사회, 혹은 각각의 선교회, 전도회는 안건을 결정하기 전에는 하나님의 뜻이 무엇인지 기도하면서 최대한 토론하고, 심사숙고해서 결정해야 합니다. 그러나 결정된 안건에 대해서는 이의를 달아서는 안 됩니다. 질서의 하나님은 그러한 태도를 절대 기뻐하지 않으십니다. 깨끗이 순종하고, 잘 진행되도록 협조해 주어야 합니다. "나는 찬성하지 않았습니다. 찬성한 사람들끼리 잘해 보세요!"라고 말하면서 뒷전으로 물러나는 것은 결코 성숙한 성도의 태도가 아닙니다. 비록 자신은 찬성하지 않았더라도 결정되었기에 신실하게 협조해 주는 성숙한 성도를 하나님은 기뻐하십니다.

일을 다 마친 후에는 평가회를 열어 옳고 그름을 따지는 것이 좋습니다. 여기서 도출된 결론을 다음 해의 정책 결정에 반영하도록 하는 것이 옳습니다.

우리가 "영적이다"라고 말할 때에는 절대 기도하고 말씀 묵상하고 예배에 참여하는 것만을 뜻하지 않습니다. 하나님의 말씀대로 살고, 말씀을 따라 사역하는 사람이 영적인 사람입니다.

우리가 질서와 절차와 계통을 좇아 하나님의 일을 감당함으로
교회를 건강하게 세워 나가는 영적인 깃발이 될 수 있기를 소망
합니다.

나에게 비춰 보기

• •

1. 삼손의 예를 통해서, 내가 어떤 능력으로 하나님의 일을 열심히 한다고
   해서 자연히 하나님과 깊은 관계를 누리게 되는 것은 아님을 알게 되었
   습니다. 교회 일을 하면서 이런 경험을 한 적이 있다면 나누어 봅시다.

• •

2. 사역의 자리가 큰 부담으로만 다가오고 내게 아무런 기쁨이 없는 상황
   입니까? 은사를 영적 성장을 위한 선물로 내게 주시며, 사역을 통해 내
   가 자라나기 원하시는 하나님의 시선으로 나 자신과 내가 처한 상황을
   볼 때 어떤 느낌이 듭니까?

• •

3. 교회의 유익과 덕을 위해 하나님이 각 사람에게 주신 직분이나 역할에
   는 더 귀한 것과 덜 귀한 것이 없으며, 우리는 상하 관계가 아니라 상호
   보조를 이루는 사람들입니다. 교회 안에 나를 돕고 세워 준 지체가 있다
   면 나누어 봅시다. 그리고 나는 어떻게 다른 지체를 돕고 협력할 수 있
   을지 생각해 봅시다.

• •

4. 나의 영광을 취하지 않고 다른 사람을 세워주며 자기 의를 내려놓기 위
   하여 나는 무엇을 실천할 수 있을까요?

• •

5. 교회의 질서, 절차, 계통을 존중함으로써 화평을 이루고 교회를 건강하
   게 세워 나갈 수 있다는 사실을 경험한 적이 있습니까? 혹시 나는 이 점
   을 소홀히 여기지는 않았는지 돌아봅시다.

6. 하나님께서 나에게 주신 은사, 재능, 역할은 무엇입니까? 이를 통하여 교회, 가정, 일터에서 내가 할 수 있는 일은 무엇일지 생각해 봅시다.